新视野·文化遗产保护论丛

博物馆的原生态保护

单霁翔 著

图书在版编目（CIP）数据

博物馆的原生态保护 / 单霁翔著 .—天津：天津大学出版社，2017.10（2024. 5 重印）
（新视野 · 文化遗产保护论丛 . 第三辑）
ISBN 978-7-5618-5955-1

Ⅰ . ①博… Ⅱ . ①单… Ⅲ . ①文化遗产—保护—中国—文集 Ⅳ . ① G122-53

中国版本图书馆 CIP 数据核字（2017）第 237409 号

策划编辑 金　磊　韩振平
责任编辑 李文慧
装帧设计 谷英卉

出版发行 天津大学出版社
地　　址 天津市卫津路 92 号天津大学内（邮编：300072）
电　　话 发行部：022-27403647
网　　址 publish.tju.edu.cn
印　　刷 永清县晔盛亚胶印有限公司
经　　销 全国各地新华书店
开　　本 148mm × 210 ㎜
印　　张 8
字　　数 192 千
版　　次 2017 年 10 月第 1 版
印　　次 2024 年 5 月第 2 次
定　　价 58.00 元

自序：把工作当学问做 把问题当课题解

“新视野·文化遗产保护论丛”出版在即，出版社嘱我写一个自序。心怀往昔，愿以时间为轴写出自己简短的感言，希望聚焦有启迪意义的文化历程，也希望表达充满真情实感的“乡愁”。

2011年8月25日清晨接到通知，我将要离开工作近10年的国家文物局，到故宫博物院工作。消息突然，没有精神准备。记得当天上午工作日程是在中国文化遗产研究院做专题报告。一路上，10年来的工作情景在脑海中闪过，想到在走向新的岗位之前，应该对以往工作进行回顾，负责任地进行工作交接，于是到会场后便放弃了已经准备好的多媒体演示内容，改为讲述参与中国文化遗产保护的体会，将近两个小时的畅谈，仍感意犹未尽，充满着回望与寻觅的思绪。

如今看来，当年的工作状态可谓“不堪回首”。就在接到通知那天之前的一周内，还经历了“南征北战”的过程：8月18日在吉林长春为市、县政府领导培训班做文化遗产保护报告；8月20日在西藏拉萨参加中国西藏文化论坛；8月21日在四川雅安参加茶马古道保护研讨会；8月23日和24日在福建福州分别参加全国生态博物馆、涉台文物保护总体规划评审，国家水下文化遗产保护中心福建基地启动，三坊七巷社区博物馆揭牌等活动。

一周数省，这就是当年常态化的工作状况。是什么力量支撑着自己一路前行？除了文物人“敢于担当、乐于奉献”的情结外，恐怕最主要的就是“把工作当学问做、把问题当课题解”的工作方法。不断出现的问题、不断凸现的矛盾和不断涌现的挑战，将时间撕裂成一块块“碎片”，甚至一天之内要进行几次“脑筋急转弯”。如果不能针对闪过的想法及时停下来思考、面对发现的问题及时静下来反思，就会陷入疲于应付、不堪重负的境地。城乡建设大规模展开的时期，必然是文化遗产保护最紧迫、最关键的历史阶段。只有“把工作当学问做、把问题当课题解”，才能在复杂的情况下，夯实基础，居安思危，防患未然；在困难的情况下，深思熟虑，心中有数，底气十足；在紧急的情况下，头脑清醒，敢于直面，坚守底线。

“把工作当学问做、把问题当课题解”的工作方法，需要持之以恒，读书、思考、写作、归纳，早已成为每天的必修课。无论是在考察途中的汽车里，还是在往返的飞机上，抑或是在家中的书桌前，以电脑为伴，将考察的感想、调研的体会、阅读的心得及时记录下来。正是因为这一次次的梳理思绪、深化认识，长期下来，居然积攒下上千万字的记录，包括论文、报告、访谈、提案，林林总总，其中既有“一吐为快”的真实感受，也有“深思熟虑”的肺腑之言，还有“临阵磨枪”的即席表达。将它们汇集起来，既是一个时期实践经验的点滴记载，也是一个时代文化遗产事业的综合纪实，还是一个文化遗产保护工作者不息生命的心灵写作。面对这些海量且繁杂的“原生态”记录，早已萌生出按照内容进行分类归纳的愿望。所幸天津大学出版社伸出援手，以“新视野·文化遗产保护论丛”为名，按照不同内容进行分辑分册，涉及文化遗产保护基础建设、文化遗产保护项目实施和文物博物馆事业发展等诸多方面。

一路走来，吴良镛教授的学术思想始终像一座灯塔照亮我前行的方向。“把工作当学问做、把问题当课题解”，源于吴良镛教授所倡导的“融贯的综合研究”理论框架。就是力图从更广阔的视野、更深入的角度，分析和梳理文化遗产之间的内在联系，探索和建立新的文化遗产类型和相应的保护方式，使制约文化遗产事业发展的重点、难点和瓶颈问题不断得以有效解决。实践证明：文化遗产保护、城市文化建设、博物馆发展，在方法上、尺度上、内容上虽然各有不同，但是三者有着共同的研究对象，三位一体进行“融贯的综合研究”，则可以呈现出中国特色文化遗产保护的新视野。

从1984年进入城市规划部门以来已经30余载，从1994年进入文物系统以来也已经20余年，其间有不少令人难忘的回忆。有幸在职业生涯的最后一站，来到故宫博物院，一方面继续享受紧张工作带来的压力和挑战，另一方面得以将几十年来积累的体会应用于具体实践。今天，更为突出的感受是，只有“把工作当学问做、把问题当课题解”，且加强全程管理，才能使每一项工作都与细节管理挂起钩来，把桩桩件件事情都做得细之又细，才能获得持续发展的后劲。

北京时间2014年6月22日15时19分，从卡塔尔首都多哈传来喜讯，在第38届世界遗产委员会会议上，中国大运河被列入《世界遗产名录》。30分钟后，跨国联合申报的“丝绸之路：长安—天山廊道的路网”也顺利通过评审。作为大运河和丝绸之路保护与申报的参与者和见证者，我格外激动和自豪。2015年5月5日，从文化遗产保护现场又传来好消息，世界文化遗产——大足石刻千手观音造像抢救性保护修复工程竣工，看到“前方”传来修复后的美轮美奂的千手观音造像影像，我激动不已。回想2008年“5·12汶川大地震”后的第8天，我们从四川地震重灾区赶到重庆大足，看望已经800多岁高龄的千手观音造像，看到早已满目疮痍的文物本体又被地震殃及，当即决定开展抢救性保护工作，将其列为石窟类保护的“一号工程”，如今千手观音造像再现“慈祥的微笑”，得以功德圆满。的确，每当昔日的努力成就今日的收获，都是文化遗产保护工作者最幸福的时刻。

2006年6月10日，我们曾以无比喜悦的心情迎来了中国第一个“文化遗产日”。10年的奋争，10年的坚守，10年的耕耘，10年的收获，再过半个多月我们又将以无限期待的心情，迎来中国第十个“文化遗产日”。谨以“新视野·文化遗产保护论丛”献给这一节日，献给长期以来用智慧和汗水呵护文化遗产的文博同人，祝愿祖国的文化遗产永葆尊严；献给长期以来用真情和热心关注文化遗产的社会民众，祝中华文化遗产事业蓬勃发展。

2015年5月25日

目录

在中国（安吉）生态博物馆奠基仪式上的讲话

（2008年10月26日）

浙江中国（安吉）生态博物馆奠基仪式

在这丹桂飘香的金秋十月，安吉生态博物馆信息资料中心今天隆重举行奠基仪式，标志着安吉生态博物馆的建设迈出了坚实的步伐。

继1997—2005年中国与挪威合作，建成贵州梭嘎苗族等4个民族生态博物馆后，全国各地积极探索，目前已在贵州、广西、云南、内蒙古建立了10余座生态博物馆，有效促进了当地文化遗产和民族优秀传统文化的发掘、保护和弘扬。

随着经济全球化趋势和现代化进程的加快，我国的文化生态正发生着巨大变化，文化遗产及其生存环境受到严重威胁。生态博物馆是新形势下文化遗产保护和博物馆工作实践紧密结合的先进理念和手段，倡导文化遗产应在其所属社区和环境中进行原状保护、保存和发展，是具有强大生命力和广阔发展前景的博物馆类型。为推动生态博物馆的发展，国家文物局近年来组织课题研究，研制全国生态博物馆发展专项规划。

浙江安吉历史悠久、环境秀美、人文荟萃。根据政府主导、专家指导、社区居民参与的原则，建设安吉生态博物馆，将自然生态环境、传统民俗文化与历史文化遗产保护融为一体，体现了当地政府对科学保护文化遗产的高度重视，有利于促进文化遗产保护和博物馆的可持续发展。

衷心希望安吉生态博物馆在建设过程中，深入落实科学发展观，学习借鉴国内外生态博物馆的先进经验，加强研究，积极探索，因地制宜，努力建设成为特色鲜明、功能完善、环境优美、服务上乘的区域文化遗产保护展示中心，实现生态博物馆建设与当地经济社会发展的良性互动。祝愿安吉生态博物馆建设取得圆满成功，祝愿浙江省的文物工作蒸蒸日上，为我国文物事业的繁荣发展书写新篇章！

走进“广义博物馆学”的时代[1]

（2010年7月9日）

每年年初召开的局务扩大会议是“叫起”的会，是统筹部署工作的会议，每年年中的局务扩大会议则是“看路”的会，就是告诫大家不能一整年只顾拉车，还要经常抬头看路，对照年初计划，对照不断变化的形势，在热火朝天的工作之余，有一个短暂的冷静思考。

今年，由于国际博物馆协会第22届大会即将在我国召开，我开始研读一些博物馆学方面的书籍和理论文章，在这些方面我的知识十分有限，联系当前博物馆事业发展实际，我提出博物馆发展应“从‘数量增长’走向‘质量提升’”和“从‘馆舍天地’走向‘大千世界’”。

“从‘数量增长’走向‘质量提升’”，主要是进入新世纪我国博物馆的发展出现了新的高潮。在博物馆建设的新高潮中，政府高涨的建馆热情是这次博物馆热的主导。虽然在我国博物馆一百年的发展历史上政府一直处于主导地位，但是这次建馆的力度大大超过以往。可以说，发展中国家有了钱后，没有哪个国家的政府像我国这样短时间内投入这么多钱，建这么多、这么好的博物馆。政府建博物馆的热情迅速辐射到全社会，点燃了社会建博物馆的热情。政

① 此文为2010年7月9日在国家文物局局务扩大会议上的讲话。

府建馆热和社会建馆热形成了当前我国博物馆发展的新气象。

但是各地博物馆发展往往以博物馆建设规模和建设数量为目标。一些城市的博物馆规模从数千平方米扩建至数万平方米，上海、南京、昆明、南通、东莞等城市已将“博物馆城”作为建设目标，希望在短期内拥有上百座博物馆。但是，往往突出博物馆的形象主题，而忽视博物馆的文化责任。出现重数量发展，轻质量提升；重建设速度，轻功能保障；重建设规模，轻长远发展；重新奇造型，轻地方特色；重建筑工程，轻陈列展览；重硬件投入，轻管理支撑。我认为博物馆质量提升应包括藏品保护、科学研究、陈列展览、讲解服务、人才培养等方面。实际上，“从‘数量增长’走向‘质量提升’”不仅仅包括上述方面，走向“质量提升”更在于博物馆的发展，应回归博物馆的文化理想，回归博物馆的历史责任，回归博物馆的永恒价值，回归博物馆的本质特征，回归博物馆的科学精神，回归博物馆的核心理念，回归博物馆的社会期待，回归博物馆的服务职能。

“从‘馆舍天地’走向‘大千世界’”，主要是传统的博物馆本质上定义为收藏、展示、教育和研究四大功能。美国著名博物馆学者 S. 威尔（S.Weil）却认为，博物馆过于强调功能，忽视了它存在的目的，那就是“为大众开放，促进社会发展，并以研究、教育及娱乐为目的”。国际博物馆协会根据新的形势，确定 2008 年“国际博物馆日”的主题为“博物馆:服务于社会变革和发展”。这一主题，从更高层次上明确了赋予博物馆的社会责任，从而要求博物馆进一步增强使命意识、责任感和自觉性，努力完善自身功能，充分发挥社会教育和文化传播功能，更好地为社会及其发展服务。近年来，我国博物馆界始终关注社会现实，跟踪社会热点，先后针对博物馆与环境、博物馆与全球化、博物馆与无形遗产、博物馆与文化多样性、博物馆与社会变革及发展、博物馆与科学发展观、博物馆与社会和谐等课题进行积极探索。

当前，文化遗产保护的视野不断扩展，从文化遗产到自然遗产，从历史遗产到当代遗产，从物质遗产到非物质遗产，由此，博物馆的保护、研究、展示空间也必然从传统博物馆的“馆舍天地”，走向高山、田野、荒漠、水下等“大千世界”。今天，必须从相对狭小的“馆舍天地”中走出来，迈向更为广阔的“大千世界”。从“馆舍天地”走向“大千世界”，还体现在博物馆的类型发展。生态博物馆、社区博物馆、产业博物馆、遗址博物馆、数字博物馆和民办博物馆等各种各样的博物馆形态，百花齐放，共生共荣，结合我国经济社会发展的形势与趋势，进行着积极的实践。由此，博物馆的展示空间从馆舍到社区、从城市到乡村、从地上到地下、从国内到国外，体现出外向的、多维的，以促进社会发展为己任，以满足公众需求为核心的发展思路和时代精神。

新的世纪，我们将走进“广义博物馆学”的时代。随着世界范围的经济、政治、文化、社会的变化，文化遗产保护和博物馆事业对国家发展、社会进步的重大作用愈来愈被人们所认识，可以预见文化遗产保护和博物馆事业，无论在数量上、规模上、发展速度上，还是在内容和方法上，都将发生深刻的变化。文化遗产和博物馆的概念必须扩大，这是人们在社会实践中得出的结论。从近年来的实践中，也可以深刻地感受到这一点。文化遗产和博物馆的概念已经不再囿于传统的范围，其内容早已螺旋式地不断发展，大大超过以往的认知领域。面对时代进步，文化遗产保护理论和博物馆文化新的创造、新的进步，必将丰富和提升原有的文化含量，标志着新的文化遗产保护理论和博物馆文化理念的酝酿和形成，标志着传统思维范式和行为模式的转换。正因为如此，对于文化遗产保护和博物馆事业发展面临的诸多问题，需要有全面的分析与整体的思考。

当前，“城市文化危机”已经成为各国城市进入 21 世纪发展的战略焦点。实际上，问题的关键不在于发展中国家能否达到现在发达国家的经济发展水平，而在于选择什么样的发展模式来达到预期的发展目标，这种发展模式又依靠什么样的核心价值观念予以支撑。正确回答这个问题，将是对所有发展中国家和城市以及全体民众智慧的严峻考验。面对这一严峻考验，文化遗产工作者应该积极思考、有所贡献，对当前文化遗产保护进行若干理论问题的探索。在两年前的局务扩大会议上我曾经谈起思考的 7 个方面问题，包括关于遗产大国与遗产强国的思考，关于单体保护与整体保护的思考，关于政府保护与全民保护的思考，关于文化遗产与文化资源的思考，关于文化积累与文化创造的思考，关于文化定位与文化复兴的思考，关于城市时代与文化时代的思考。两年来虽然就这些问题有了一些认识，写了一些未敢发表的文章，但是回答这些问题，总觉得底气不足。

近年来，我一直在想，文化遗产在社会生活中不能只扮演弱者的角色，文物保护工作者不能被人家看作“另类”。文化遗产事业应该成为强者，文化遗产事业有这种能力。如果我们今天拥有这份自信，我们将来就必然拥有这份自豪。尽管文化遗产需要全社会的关注和呵护，尤其是在过度注重经济利益的社会环境中，但是它们需要的不是人们给予怜悯式的保护，而是需要人们真正认识到文化遗产对于城市发展和改善市民生活所具有的不可替代的价值，给予积极的保护。在新的世纪，应主动发挥文化遗产的多方面综合作用，使文化遗产进一步融入社区生活、融入经济发展、融入城市建设，既给专业人士，但更多的是给民众以精神的、情感的、美的享受和启迪。这也是我们为什么有时候不厌其烦地给各级领导，特别是省部级、地厅级地方领导讲述文化遗产的力量和贡献的原因。

今天，文化遗产保护和博物馆事业的战略地位，已经成为当代社会文明的显著特征。自觉地坚守文化遗产保护和博物馆事业的核心价值，直接关系到其本质特征和社会职能作用在新时代的全面发挥，也是检验文化遗产保护和博物馆事业在新的历史时期的应变力、亲和力、吸引力和感染力以及在社会公众中的形象和作用。从保护藏品、保护文化遗产，到服务社会、推动社会变革，是向文化遗产保护和博物馆事业神圣职责的回归，也是文化遗产保护和博物馆事业在进入全球化时代后的理性决策和历史选择，是对文化遗产保护和博物馆事业具有永久意义的真理原则与价值原则的科学诠释。今天，文化遗产保护和博物馆事业的核心理念更加关注人居环境、融入城市文化、重视公众教育、体现服务民生、支持社会发展，这是文化遗产保护和博物馆事业核心价值与社会责任的体现，也是新时期文化遗产保护和博物馆事业社会职能的完善。

今天，实现文化遗产保护和博物馆事业的可持续发展，需要创新，需要有坚定的自信和包容的胸怀。当今社会生活，呈现信息化、网络化、数字化的特征，这些特征促进了文化遗产保护和博物馆文化形态的快速转变。在此背景下，任何文化遗产、博物馆都不可能孤芳自赏和自我封闭，而需要更多地融入社会，更多地关注公众，从而发挥更多的社会功能，担当更多的社会责任，完成一次历史的飞跃。这是文化遗产保护和博物馆事业面临的挑战，同时也是文化遗产保护和博物馆事业发展的机遇。这些挑战与机遇，使我们有机会重新审视自己的地位与责任，跳出传统的藩篱，发掘出更多的潜能。同时，文化遗产保护和博物馆事业的工作范围和价值影响，也涉及更广泛的内容。

全国世界遗产调研工作启动会

当前，人们不断以新的价值观和时空观审视文化遗产保护和博物馆文化的社会职能以及发展方向。面对新的发展机遇，我们必须活跃思维、开阔视野、前瞻行动，及时捕捉全球信息，不断跟踪时代前沿，以全世界的经验，以新世纪的思维，以勇于实践的精神，从理论层面采取跨学科、跨部门、跨行业、跨系统的研究方式，对文化遗产保护和博物馆事业的时代发展给予深入思考，并将研究成果及时用于指导实践，使文化遗产保护和博物馆事业处于不断积极向上、创新突破的良好态势。新时期文化遗产保护和博物馆事业发展，应该也有能力承担这一任务。

在贵州生态博物馆建设座谈会上的讲话

（2007年5月31日）

贵州生态博物馆建设座谈会

世纪之交，面对城市化进程和工业化发展的冲击，诸多保护理论应运而生，其中生态博物馆作为一种全新的文化遗产保护和博物馆建设理念，开始为我国文化遗产保护和博物馆领域所引入和应用。生态博物馆理念与传统的文化遗产保护和博物馆建设理念的本质区别是，生态博物馆强调在文化的原生地保护文化遗产，并且由当地民众自主管理和保护文化遗产，从而使文化遗产的原生环境与文化遗产得到一体保护。

1971 年 9 月，国际博物馆协会第 9 届大会在巴黎举行，这是一次试图定位当代博物馆社会地位与角色的重要会议，在会议上 G.H. 里维埃和 H. 戴瓦兰为法国首任环境部长 R. 普杰的主旨发言而创造的“生态博物馆”一词，成为一场博物馆革新运动的标志。

近 50 年来，随着人类活动对生态环境的改变，使人口、环境、资源间的矛盾日益尖锐。于是，人们开始用生态学的观点来认识人与自然的关系，树立起新的生态价值观，认识到人类只是生态系统中的一部分，人类社会已经进入一个用生态文化适应新环境、建设新社会的时代。

20 世纪 70 年代起，生态保护与博物馆的概念相结合，使生态博物馆的概念及其实践首先诞生于法国并在欧洲获得迅速发展。此后，生态博物馆在亚洲、美洲的许多国家和地区也成为一个重要的博物馆建设模式。

国际博物馆界出现的生态博物馆运动，是一场文化复兴运动，是对近现代公共博物馆基本理念的回归，是对后工业化社会反思的结果。伴随城市化的迅速推进，工业社会的生态危机日益加深，带来了许多人们意想不到的“城市病”：交通堵塞、资源枯竭、环境污染、人口过剩、贫富差距加大、犯罪率居高不下、人生观及价值观的扭曲和道德水准的下降，使后工业社会陷入层层的困境之中而不能自拔。

由于人类生存环境日益恶化，社会生活质量日益低下，机器产品日益泛滥，空间日益拥挤和环境日益喧嚣，人们开始厌倦城市，崇尚自然，向往乡村的宁静生活，激发回归自然的情感与行动，追求一种朴素的社会生态，出现反城市化的潮流。因此，许多人逐渐摆脱喧闹和充满污浊的大城市，回归到自然的乡村和朴实无华的小城市，城市空心化现象开始出现。

在这一情势下，生态博物馆的产生是博物馆事业对社会发展的时代响应，成为促进人类社会现代生态意识和现代环境意识不断觉醒的积极力量。“生态博物馆运动让博物馆工作者不得不再次审视博物馆的性质、任务和职能，不得不重新思考博物馆的社会责任，不得不思考博物馆生存的意义，不得不思考博物馆发展的社会条件。”①

生态博物馆是指一个特定的文化社区，是一个没有围墙的博物馆。生态博物馆开启了博物馆学研究的新领域。G.H. 里维埃在 1985 年，曾将生态博物馆定义为：“生态博物馆是由公共（或地方）权力机构和当地人民共同设想、共同修建、共同经营管理的一种工具。”

目前，世界上已有 300 多座生态博物馆。其中，西欧、南欧约有 70 座，主要集中在法国、西班牙和葡萄牙；北欧约有 50 座，主要集中于挪威和丹麦；拉丁美洲约有 90 座，主要集中于巴西和墨西哥；北美洲约有 20 座。另外，亚洲地区的日本、韩国等也有类似的保护文化生态的形式。

由于各国社会、经济、政治、文化、民族、环境、生态等方面条件的差异，各地区的发展面临不同的挑战和机遇，各地民众的需求也不尽相同，这使得与所在地社会发展紧密结合的生态博物馆，呈现不同的组成形态和运作方式。

古代形态的博物馆在我国有着悠久的历史，而近代形态的博物馆则是从西方传入并得以逐渐发展的。我国博物馆界自 20 世纪 80

① 宋向光：《生态博物馆理论与实践对博物馆学发展的贡献》，见《2005 年贵州生态博物馆国际论坛论文集》，53 页，北京，紫禁城出版社，2006。

年代开始，关注国外生态博物馆的理论与实践。1986年，生态博物馆的理念开始在国内传播，我国开始引进国际生态博物馆的思想和实践经验。

苏东海先生对此做出了重要贡献。他曾对生态博物馆做出如下定义："生态博物馆是对自然环境、人文环境，有形遗产、无形遗产进行整体保护、原地保护和居民自己保护，从而使人与物、与环境处于固有的生态关系中，并和谐地向前发展的一种博物馆新理念和新方法。"①

在我国，生态博物馆在人类学和少数民族文化资源丰富的区域，因其文化独特而备受关注。生态博物馆的实践首先选择了西南地区的贵州，该省境内现有苗族、侗族、布依族等17个世居少数民族，大多生活在比较偏僻的山区，对外联系较为不便，因而生活方式、民间习俗和文化观念等受外界影响较小，民族文化保存较好。同时，当地气候温暖，山清水秀，大片的原始森林和奇特的喀斯特地貌构成了一幅幅人间仙境般的画面。独特的民族文化加之得天独厚的自然环境，具备发展生态博物馆的良好基础。

1995年，《在贵州省梭嘎乡建立中国第一座生态博物馆的可行性研究报告》的提出，得到了我国政府的重视和挪威政府对这一项目的支持，并纳入了"1995—1996年中挪文化交流项目"之中。1998年10月，梭嘎生态博物馆及资料中心建成开放，成为我国第一座生态博物馆。

随后相继又在贵州建立了花溪镇山布依族生态博物馆、锦屏隆里古城生态博物馆、黎平堂安侗族生态博物馆等一批生态博物馆，

① 张涛：《反思中国第一座生态博物馆的发展瓶颈》，载《中国文物报》，2006-06-23。

初步形成了贵州民族文化生态博物馆群。它们不仅代表4个不同区域的民族，而且具有不同的环境和不同的挑战。当地民众以对自己传统文化的固有感情，对脱贫致富和对外界的向往，热情地支持和参与生态博物馆的建设和实践。

我国生态博物馆从传统博物馆中走出来，在文化的原生地建立了第一代生态博物馆，突破了传统博物馆的局限性，弥补了传统博物馆的缺陷，实现了文化保护社区化和民主化的博物馆新理念。

多年来，学者们对生态博物馆的性质、信念、价值观、目的、特点、工作方法、组织建置和管理体制等课题进行了多方面的阐释和讨论。针对我国第一座生态博物馆创造的经验，研究提出了“六枝原则”。这些原则包括：第一，村民是其文化的主人，有权认同与解释其文化；第二，文化的含义与价值必须与人联系起来，并应予以加强；第三，生态博物馆的核心是公众参与，必须以民主方式管理；第四，旅游与保护发生冲突时，保护优先，不应出售文物，但鼓励以传统工艺制造纪念品出售；第五，避免短期经济行为损害长期利益；第六，对文化遗产进行整体保护，其中传统技术和物质文化资料是核心；第七，观众有义务以尊重的态度遵守一定的行为准则；第八，生态博物馆没有固定的模式，因文化及社会的不同条件而千差万别；第九，促进社区经济发展、改善居民生活。这些实践原则的产生是为了更好地在文化原生地保护文化，更好地尊重村民的主人地位。

生态博物馆不仅仅是为了促进旅游，更重要的是让人们记住自己的历史和文化，通过一个个具体的村子的历史和文化，让孩子们知道自己故乡的历史，了解祖先们曾经经历过的生活和走过的路，了解他们所创造的物质和精神文化。乡村内也建有室内博物馆，但是只作为生态博物馆的一个组成部分。

贵州镇山生态博物馆

我国五千年的历史就是一部农业文明史，至今农业人口仍占全国人口的50%以上。所以，村落文化景观在我国文化遗产中占有重要的位置，但是在城市化的进程中，它所面临的巨大危机显而易见。农村社区是有文化的，农村社区文化是从农业生产、农村生活之中，从人与自然亲密接触之中形成的，是当地民众世世代代积淀与传承下来的。因此，农村社区文化是最有泥土气息的文化，是最富亲情的文化。

但是，农村社区特有的文化价值却长期被忽视。生态博物馆是在一个特定的地域内，在相对独立的社区群体中，仍然保持和延续着包括建筑、语言、服饰、饮食、工艺、知识、信仰、道德、法律、风俗以及生活能力在内的比较完整的文化形态。这样的社区群体有着双重性，一方面，拥有原生态的、唯一性的、独特的传统文化，保存得完整和丰富；另一方面，由于长期封闭，经济十分落后，物质生活条件较差，处于贫困的状况。在这样的农村社区中建立生态博物馆，必然要在保护文化遗产的同时，担负起消除贫困的任务。

今天，地球生态系统的变化日趋激烈，陷于气候加速变化的恶性循环之中，不可持续的开采、生产与消费模式导致了气候恶化、污染扩大与环境浩劫，致使人们被逐出家园，并造成了严重的贫穷与疾病问题。人类正面临前所未有的危机，无法继续认同不关注可持续发展的贪婪行径。

冯骥才先生对我国东部历史村镇发生的变化充满担忧，“神州大地上一个个风情各异的古村古镇，转瞬之间变成一片片洋楼群。它们傲立于山野，突现于平原。它们和这里的历史没有关系，和周围的自然环境与人文环境全无关系，这些小洋楼就像是从天上掉下来的”。

在乡村文化景观中，最基本的要素是传统民居。这些民居建造于自然环境和文化背景之中，不同民族、不同地域的传统民居千姿百态，是人们识别不同乡村文化景观最重要的符号。传统民居的实用性与地域美，都是当地民众千百年来的文化创造。今天，民居的建造、保护与修缮，如果背离了历史文化之根而另搞一套，就必然造成对乡村文化景观和历史文脉的伤害与破坏。

不少历史文化村镇将一般城市规划中的分区规划、园林规划、城市设计的理念套用过来，通过规划建设复制城市文化景观，导致乡村文化景观单调而规则化、庸俗化和日益城市化倾向严重，空间关系缺乏相互联系，形成“万村一面”和同质化，使城市化现象进一步蔓延。与世界许多地方一样，钢筋混凝土立面和铁皮屋顶构成的，按照城市风格建造的村落和民居，正在改变着我国成千上万的美丽乡村，使它们变得单调、浅薄和粗俗。

生态博物馆理想的实现，取决于社区居民出于文化的目的而参与的程度，取决于生态博物馆能否营造和培育出适合自己生存的环境。“我们必须认识到：弱势群体可能珍视自己的文化传统，也可能自动地将其全部或部分加以抛弃。当社区居民因强势文化的撞击，而选择有可能背离传统文化的道路，并仅仅把生态博物馆视为改善社区生活的工具时，生态博物馆就会面临很大的危机。”①

生态博物馆能够凸现自己有益于社区发展，并直接使社区民众感受到实际利益的途径。但是，这些年随着旅游业的蓬勃发展，历史文化村镇旅游逐渐成为热点。与此同时，历史文化村镇作为生活场所和文化空间的功能却面临诸多挑战，居民生活与旅游生意之间的矛盾日益明显。到目前为止，各地的生态博物馆似乎都把借助旅游谋求发展看作是唯一道路。如果社区民众均以此维系参与生态博物馆的热情的话，生态博物馆也就失去了它的存在和发展的意义，而仅仅成为一处旅游目的地。

在生态博物馆的问题上，我们可以看到我国与欧洲在发展阶段方面的差距，欧洲生态博物馆概念最早提出来的时间是在 20 世纪 70 年代，那时欧洲各地的经济社会发展已经达到一定的水准，但是却面临着能源危机和生态压力，在这种文化背景下的反思，使其产生了对文化与生态的保护思想，这是一种自发的文化自觉的行为。可见，生态博物馆主要是社区居民在生活水平提升、经济实力增强、文化精神需求旺盛的条件下，由社区居民创办和发展起来的。

而我国的生态博物馆，大多数是建立在西部民族地区偏远的贫困山村，其经济发展水平远远没有达到一定的富裕程度，文化发展

① 黄春雨：《理想与现实——生态博物馆必须的对接》，见《2005 年贵州生态博物馆国际论坛论文集》，北京，紫禁城出版社，2006。

水平也尚未达到自己创办生态博物馆的意识条件，于是一些生态博物馆是在当地民众对自己的文化没有一定的自信和认识的情况下建立的，“官办”色彩浓厚，由外来力量主导。村民并没有举办博物馆的主动性和积极性，成为一种被动的行为，或者只是为了在此名义下努力地摆脱贫困，他们甚至不知道该怎么创办和维持一个生态博物馆，成为生态博物馆建设的旁观者或被动参与者，因此出现一旦外来力量撤出，生态博物馆就面临偃旗息鼓的局面。

在这样的背景下产生的生态博物馆，很难成为一种教育的工具和阻止文化退化的方式。“当一个长时间处于相对封闭状态的村寨，突然间向世界开放时，来自世界上高度发展的社会和技术的交流以及文化影响的涌入会造成什么结果，这是生态博物馆研究应解决的关键问题。”①

就像至今我们还不敢挖掘秦始皇和武则天的陵墓一样，因为一旦挖掘了，我们又没有能力保护，里面所有的文物都会在瞬间氧化，有些甚至会化为灰烬。文化也一样，尤其是没有文字记录的口头非物质文化更是如此。一些民族村寨兴建为旅游服务的“民族村”“民族风情村”，把相邻民族的文化元素聚合在一起，试图展示各民族的传统文化和生活习俗。“但是从这种新的文化产业的发展中，我们发现许多民间的传统文化成为一种艺术的表演形式，在这些表演形式背后，与农民们的宇宙观、道德观、生命观乃至生产方式紧密相连的传统文化，似乎正在碎片化甚至空洞化。这里面隐含了一系列令人担忧的问题。”②

目前，大多数生态博物馆更多面向的是旅游者而不是当地民众，在很多旅游经营者看来，满足游客需求、加强景区管理是头等

① 吴昶：《文化遗产保护不容回避民生问题》，见《中国文物报》，2006-09-08。
② 方李莉：《西部人文资源与生态博物馆研究》，载《群言》，2008（9），30～34页。

大事，而如何满足居民需求、完善社区管理，似乎并不重要。

在这些所谓的“民族村”“民族风情村”里，在发展以旅游业为依托的文化产业过程中，缺少对本地文化与自然资源价值的准确认识。同时，对旅游从业人员更是缺少必要的历史文化知识和文化遗产保护理念以及“负责任旅游”“可持续旅游”方面的培训，不少导游在讲解中存在较大随意性，迎合参观者的喜好任意编造，鱼龙混杂，缺少本地特色。

在生态博物馆的建设过程中，还始终存在民族民间可移动文物和手工艺品流失的问题。一方面，是民族民间文物的非法贩运，这是目前国际文化遗产保护的最大难题之一，在我国生态博物馆中同样存在，当旅游者，特别是一些外国收藏家、文物贩子或者文物收藏机构来到民族村寨，并发现这些精美的民族民间文物时，往往会拿出一定数量的钱购买这些居民的祖传物品，使得尚处于贫困状态的村寨居民很难抵御这一诱惑，最终使这些民族民间文物离开了文化原生地，甚至流落异国他乡。

另一方面，长期以来，民间艺人和民众手工制造的工艺品或生活用品，是为了满足家人或本地居民的需求，其中包含着使用功能、文化象征、精神寄托、场景装饰以及综合意义。但是，随着旅游市场的需求增长，这些手工艺品变成了批量生产的产品，用“典型”的样式销售给不懂行的旅游者。往往进入这种状态，使成为产品的传统手工艺品逐渐失去了文化含义，质量也变得粗糙，降低了当地传统文化的声誉。同时，当地民间艺人和从事手工艺品制作的民众也因此而受到剥削，和他们所付出的劳动相比，销售价格过于低廉。

1992 年里约热内卢“世界环境与发展大会”上通过了《里约热内卢宣言》和《21 世纪议程》两个纲领性文件，使生态学成为一个流行的话题。在我国，1993 年，吴良镛、周干峙等学者正式提出建立“人居环境科学”，着重探讨人与环境之间的相互关系，强调把人类聚居作为一个整体，而不像城市规划学、地理学、社会学那样，只涉及人类聚居的某一部分或是某个侧面。在这一背景下，生态博物馆成为提高人们的文化意识，保护文化遗产所在地的自然环境，促使人类社区可持续发展的积极力量。

生态博物馆“至今已历经 30 来年，并在不少国家都可以发现它的顽强实践。但不可否认的是生态博物馆的发展并不是如创建者和支持者们期待的那样，拥有一个令人振奋的局面的出现，反而是在争议和艰难的实践中起伏”[①]。生态博物馆的思想产生于欧洲的后工业社会之中，是一种深刻的理念，不可能在距离这个时空十分遥远的我国原始民族村寨中自发产生。

贵州堂安侗族生态博物馆

① 苏东海：《中国生态博物馆的道路》，见《2005 年贵州生态博物馆国际论坛论文集》，北京，紫禁城出版社，2006。

在我国，在这些正在摆脱贫困的村寨中建立生态博物馆就是为了保护文化传统的多样性，使这些村寨在现代化过程中不会丧失自我。要使村民接受生态博物馆，需要走很长的路。

今天，我们强调将生态博物馆思想进行中国化、本土化的实践。所谓本土化，就是和我国乡村的实际相结合。贵州生态博物馆建馆10年来，经历了初建时的兴盛阶段，目前正在步入艰难的巩固与提高阶段。生态博物馆在创建之初，就把帮助民族村寨“脱贫”作为第一任务，因为衣不蔽体、食不果腹是无暇顾及文化的。如果人们必须外出谋生，就算建立起生态博物馆也难以巩固。“这也就是国际上的文化生态保护区之所以不容易长期维持的原因，美国印第安人、爱斯基摩人保留地如此，新西兰毛利人保留地亦如此。”因此，生态博物馆既要考虑社会公众意识与整体利益，也要考虑区域内民众的现实需求，而采取适当的支持与补偿措施。

迄今为止，我国的生态博物馆建设，大多选择了民族文化极为丰厚，居民生活却极为贫困的古老民族村寨，脱贫几乎是每一个民族村寨所面临的最大问题，因此从一开始，这些生态博物馆的建设，就承担着社区发展和文化遗产保护的双重重任。

目前，我国所建立的生态博物馆，一般来说，均是当地政府根据保护文化多样性的需要给予热情支持以及专家学者根据文化遗产保护和博物馆事业发展的需要给予热情指导的产物。民族村寨是当地民众的家园，当地民众希望生态博物馆的建立，有利于改善自己贫困和生活水平低下的状况，往往也能够积极参与。由于有政府、专家和民众三个方面的积极性，就具备了生态博物馆建设的基本条件。

苏东海先生指出：“我不得不说，事实上外来力量成了村寨文化的代理人，村民则从事实上的主人变成了名义上的主人，没有外来力量的进入，就不可能有生态博物馆，这是事实。也许别的国家不是这样，但中国是这样。在中国建立一个生态博物馆并不难，而巩固它比建立它就难多了。因为建立它是政府和专家的行为，而巩固它只有文化主导权回归到村民手中，村民从名义上的主人回归到事实上的主人时，生态博物馆才得以巩固。”①

实际上，在我国古老民族村寨中建立生态博物馆，对当地社区和民众来说，都是一种超前的行为，要使生态博物馆得到巩固和发展，当地社区和民众都必须超越自己的固有观念和能力。任何一种先进理念和由此催生的新生事物，只有和现实的需求相契合才能具有生命力。

生态博物馆在理想与现实的对接过程中，需要实现技术层面的对接，例如记录、维护、保存文化遗存和建立信息资料中心等，这些可以通过借鉴传统博物馆的已有做法来完成。但是社区民众对自己传统文化和生活方式的认识，参与生态博物馆建设的目的，是否与建立生态博物馆的目标相一致，则是生态博物馆在理想和现实的对接过程中，所面临的最大挑战。

生态博物馆所保护的不是单独的文物，也不仅仅是古老的建筑，实际上是一个完整的文化空间，一个活态的文化肌体。对文化遗产的保护，从简单的收集、整理、展示，到在文化的原生地系统全面的保存、展示和传承，是文化遗产保护和博物馆实践上的一次飞跃。生态博物馆理想的实现，取决于社区居民出于文化的目的而参与的程度，取决于生态博物馆能否营造和培育出适合自己生存的环境。

虽然，目前各地生态博物馆的建设，或多或少地存在一些问题，

① 苏东海：《建立与巩固：中国生态博物馆发展的思考》，见《2005年贵州生态博物馆国际论坛论文集》，北京，紫禁城出版社，2006。

但是这些属于具有开创性的实践中的正常现象。对于我国生态博物馆发展中存在的问题，应给予更多的宽容，不断总结，不断完善，不断提高，使我国生态博物馆的建设更加符合我国国情，探索出中国特色的生态博物馆建设道路，建立起中国特色的生态博物馆理论体系。

“博物馆的方法是在不断创新之中，我们并没有一个标准的模式。”[①] 但是，人们已经通过实践，看到生态博物馆在延续乡村文化景观、保存珍贵文化记忆、提升民众文化自觉、保障民众主体地位、推动社区经济发展、促进社会各界合作、扩大社区文化传播和完善自身能力建设等方面的积极作用。

一、生态博物馆推动社区经济发展

生态博物馆不是静态地展示一定历史时期或一定社会形态的文化，生态博物馆也无权阻止社区发展。当一个历史地区或民族村寨进入生态博物馆社区时，无论是地方政府还是专家学者以及过往旅游者都必须认识到，任何人都无权凝固其中自然环境与人类生活之间的关系，任何人都无权剥夺当地社区的可持续发展，当地民众同样拥有享受现代化生活的权利。就目前我国已经建立起来的众多生态博物馆来说，虽然当地社区传统文化均十分独特和丰富，但是社区民众的生活却往往极其贫困。生态博物馆的根本目的是保护物质与非物质文化遗产，而不是保护贫穷与落后。一个贫穷与落后的社区，在未来市场经济的大潮中，不可能保护好自己的文化遗产，“贫穷和自卑往往是联系在一起的”。在金钱和利益的诱惑下，当人们只看到社区文化的经济价值时，反而会加速文化遗产的消亡。只有社

① 苏东海：《论坛小结》，见《2005年贵州生态博物馆国际论坛论文集》，241页，北京，紫禁城出版社，2006。

区民众的物质文化水平不断得到提高，生活逐渐富裕，才能提高对社区文化的自尊心和自信心、自豪感和责任感，才能增强保护社区文化的自觉性。如果没有民生问题的思考，当地民众作为文化资源的拥有者，必然会对以社区文化保护者自居的“外人”产生抵触情绪。因此，在当地民众生存的“活态”社区建立生态博物馆，社会发展是先决条件。在不损害当地社区文化价值和当地民众文化权益的基础上，必须努力提高社区民众生活水平。例如生态博物馆所带来的通水、通电、通电视、通电话和通公路等，成为提高少数民族地区民众生活质量的重要手段，完全符合民众的意愿，在这里经济生活的改变是正常的改变，文化生活的发展是不可阻挡的发展。事实证明，文化虽然可以相对独立于经济，但文化最终不能脱离经济基础。生态博物馆必须为促进社区经济社会发展做出贡献，才能真正地实现自己的使命。

贵州地扪侗族人文生态博物馆

二、生态博物馆促进社会各界合作

目前，生态博物馆的建设为专家学者深入了解、研究和挖掘各少数民族地区文化提供了一个活态的基地。各民族丰富多彩的文化通过生态博物馆这种形式得以搜集、保护、展示，受到了国内外民族学家、人类学家、考古学家、社会学家、文化学者、民俗学者等科学工作者的密切关注和热烈欢迎，一批批有分量、有深度的研究成果陆续涌现。生态博物馆的工作对象是复杂的，是特定社区文化与社区民众、社区发展的关系，其内容从横向看，既包含文化遗产和自然遗产、可移动文物和不可移动文物等有形存在，也包括语言、规则、信念、行为、人际关系和人地关系等无形存在，还包含社区民众对待自己的文化和文化遗产的认知和评价状况等；从纵向看，则包括过去、现在和未来。生态博物馆的知识基础，更倾向于研究复杂系统的人文科学和社会科学[①]。生态博物馆注重同时保护文化遗产和自然遗产，可移动文物和不可移动文物，物质文化遗产和非物质文化遗产，鼓励社会多元因素参与生态博物馆的各类项目；鼓励跨学科、跨行业、跨系统、跨领域的各方面专家参与合作；鼓励运用人类学、历史学、语言学、考古学以及社会学等多种研究方法和理论，解读生态博物馆所在社区的文化深层结构，构建生态博物馆的创新理论。

三、生态博物馆扩大社区文化传播

将美丽的自然风光与多彩的民族风情完美结合的生态博物馆，是所在地文化旅游发展的基础。生态博物馆是没有围墙的博物馆，

① 宋向光：《生态博物馆理论与实践对博物馆学发展的贡献》，见《2005 年贵州生态博物馆国际论坛论文集》，53 页，北京，紫禁城出版社，2006。

旨在向参观者表现全部的文化信息，因此向外界展示和善待参观者是生态博物馆的重要课题。现代人对于乡村文化景观的依恋可以追溯到观光农业的兴起，而自然村寨的旅游吸引力则与逆城市化的价值认同相适应，生态博物馆以其特有的方式抚慰着人们的怀旧和思乡情结。生态博物馆中文化景观与自然景观之间直观的和谐关系，在研究和观赏方面极具吸引力。生态博物馆强调地方特性和地方感觉，其价值和意义正在被人们所认识和理解。生态博物馆不能将自己封闭起来，参观者理应在生态博物馆受到欢迎。生态博物馆也能够在社区文化保护与负责任旅游之间寻求结合。如果一个民族村寨拥有独特的传统文化，而不向外界传播，没有得到外界的欣赏，就难以展示文化多样化的价值。越是能为外界所欣赏的文化越有生命力，外界的赞叹应作为激励文化传承的重要动力。应科学评估大众旅游带来的负面影响，正确认识两者和谐发展的重要性。事实上，当大批参观者来到生态博物馆时，会激发当地民众的文化活力，参观者对当地传统文化的高度评价，会提高社区民众保护的热情，增强在外来文化面前对自己文化的信心，此时社区民众的表演和展示，已不仅仅是出于商业目的，而是出于文化自豪，他们真正感到成为自己文化的主人，文化遗产也才拥有自觉传承的基础。生态博物馆周边其他村寨的民众，通过参观生态博物馆，也会认识到保护自己家乡文化遗产的重要性，扩大生态博物馆的社会影响。

四、生态博物馆完善自身能力建设

生态博物馆的核心是实践性，在管理、运作、资金、人员和服务设施等方面，各地的生态博物馆都具有自己的特点。与传统的以静止、固态的物品为导向的博物馆不同，生态博物馆所包含的内容更为广泛、形式更为多样。因此，根据传统博物馆的实践经验，很难解决生态博物馆所面临的全部任务和现实挑战。生态博物馆要更加积极地探讨与文化主体，也就是与当地民众的合作方式，当地民众是社区文化的创造者、见证者和拥有者，应该拥有更多的参与机会，主导生态博物馆的发展。同时，在生态博物馆中人们的传统知识系统必须受到尊重、发扬与保护。要根据文化多元性特点，突破原有的学科界限，以平等、尊重的态度欢迎社会各界的参与实践，更广泛地吸收不同领域的成果，使生态博物馆成为不同学科交流和互动的空间，推动生态博物馆文化的广泛传播。例如菲律宾拉博拉多生态博物馆，持续地开展社区活动，包括节日庆典、河流清淤、森林保护、电脑网络、青年培训等，受到社区的广泛支持和赞扬，体现出可持续发展的社区特性。随着终生学习时代的来临，应使终生学习包括在生态博物馆的发展中，通过生态博物馆的活动，增加为当地民众和参观者提供知识，并把知识传递给下一代的机会，也可以增强当地居民和参观者对文化遗产的感情，正确理解文化遗产的价值。

五、生态博物馆的延伸与拓展

2008 年 10 月，“村落文化景观保护和可持续利用国际学术研讨会”在贵州贵阳召开。会议代表认为，村落文化景观是自然与人类长期相互作用的共同作品，是人类活动创造的并包括人类活动在内的文化景观的重要类型，体现了乡村社会及族群所拥有的多样的生存智慧，折射了人类和自然之间的内在联系，区别于人类有意设计的景观和鲜有人类改造印记的自然景观，是农业文明的结晶。村落文化景观展现了人类与自然和谐相处的生活方式，记录着丰富的历史文化信息，保存着民间传统文化精髓，是人类宝贵的文化遗产。村落文化景观所蕴含的自然和文化多样性是未来理想生活的活力源泉，具有重要的文化象征意义。

苏东海先生在总结我国生态博物馆建设的基本经验时指出：生态博物馆的思想必须本土化才能生根。生态博物馆的思想具有普适价值，但它存在的形态却是千差万别的。它是一颗思想种子，必须种在土壤中才能生根。一切从国家的、社会的、本地的实际出发，生态博物馆才有希望自下而上地发展下去。今天不应试图把生态博物馆模式化，不应否定各个地域的特殊性，因为模式化可能导致不顾当地的特殊性，建造标准化和形式化的生态博物馆。生态博物馆应该根据地域特点而千姿百态。生态博物馆不应以文物储藏所、观众参观点、纪念品商店或标本陈列室结束。

从“馆舍天地”走向“大千世界”①

（2010 年 11 月）

世纪之交，面对城市化进程和工业化发展对文化遗产冲击的现状，诸多保护理论应运而生，生态博物馆作为一种全新的文化遗产保护和博物馆建设理念，亦适时为我国文化遗产保护和博物馆领域所引入和应用。

生态博物馆理念与传统的文化遗产保护和博物馆建设理念的本质区别是，生态博物馆强调在文化的原生地保护文化遗产，并且由当地民众自主管理和保护文化遗产，从而使文化遗产的原生环境与文化遗产得到一体保护。

1971 年 9 月，国际博物馆协会第九次巴黎大会试图定位当代博物馆的社会地位与角色，会议为法国首任环境部长 R. 普杰的主旨发言而创造的“生态博物馆”一词，成为一场博物馆革新运动的标志。生态保护与博物馆的概念相结合，使生态博物馆的概念及其实践首先诞生于法国并在欧洲获得迅速发展。此后生态博物馆在亚洲、拉丁美洲和北美洲等许多国家和地区也成为一个重要的博物馆建设模式。

国际博物馆界出现的生态博物馆运动，是一场文化复兴运动，是对近现代公共博物馆基本理念的回归，是对后工业化社会反思的

① 此文发表于《贵州文化遗产》2010 年第 6 期，第 3 页，2010 年 11 月出版。

结果。伴随城市化的迅速推进，工业社会的生态危机日益加深，带来了许多人们意想不到的“城市病”：交通堵塞、资源枯竭、环境污染、人口过剩、贫富差距加大、犯罪率居高不下、人生观及价值观的扭曲和道德水准的下降，使后工业社会陷入层层的困境之中而不能自拔。由于人类生存环境的日益恶化，社会生活质量日益低劣，机器产品日益泛滥，住房日益拥挤和环境日益喧嚣，人们开始厌倦城市，崇尚自然，向往乡村的宁静生活，激发回归自然的情感与行动，追求一种朴素的社会生态，出现反城市化的潮流。因此，许多人逐渐摆脱了喧闹和充满污浊的大城市，回归到自然的乡村和朴实无华的小城市，城市空心化现象开始出现。

在这一情势下，生态博物馆的产生是博物馆事业对社会发展的时代响应，成为促进人类社会现代生态意识和现代环境意识不断觉醒的积极力量。“生态博物馆运动让博物馆工作者不得不再次审视博物馆的性质、任务和职能，不得不重新思考博物馆的社会责任，不得不思考博物馆生存的意义，不得不思考博物馆发展的社会条件。”①

生态博物馆是指一个特定的文化社区，是一个没有围墙的博物馆。生态博物馆开启了博物馆学研究的新领域。G.H. 里维埃在 1985 年，曾将生态博物馆定义为：“生态博物馆是由公共（或地方）权力机构和当地人民共同设想、共同修建、共同经营管理的一种工具。”

目前，世界上已有 300 多座生态博物馆。其中，西欧、南欧约有 70 座，主要集中在法国、西班牙和葡萄牙；北欧约有 50 座，主要集中于挪威和丹麦；拉丁美洲约有 90 座，主要集中于巴西和墨西

① 宋向光：《生态博物馆理论与实践对博物馆学发展的贡献》，见《2005 年贵州生态博物馆国际论坛论文集》，53 页，北京，紫禁城出版社，2006。

哥；北美洲约有20座。另外，亚洲地区的日本、韩国等也有类似的保护文化生态的形式。

由于各国社会、经济、政治、文化、民族、环境、生态等方面条件的差异，各地区的发展面临不同的挑战和机遇，各地民众的需求也不尽相同，这使得与所在地社会发展紧密结合的生态博物馆，呈现不同的组成形态和运作方式。

我国博物馆界自20世纪80年代开始关注国外生态博物馆的理论与实践。苏东海先生对此做出了重要贡献。他曾对生态博物馆做出如下定义："生态博物馆是对自然环境、人文环境，有形遗产、无形遗产进行整体保护、原地保护和居民自己保护，从而使人与物、与环境处于固有的生态关系中，并和谐地向前发展的一种博物馆新理念和新方法。"①

广西南丹里湖白裤瑶生态博物馆

① 张涛：《反思中国第一座生态博物馆的发展瓶颈》，载《中国文物报》，2006-06-23。

在我国，生态博物馆的实践首先选择了西南地区的贵州，该省境内现有苗族、侗族、布依族等17个世居少数民族，大多生活在比较偏僻的山区，对外联系较为不便，因而生活方式、民间习俗和文化观念等受外界影响较小，民族文化保存较好。同时，当地气候温暖，山清水秀，大片的原始森林和奇特的喀斯特地貌构成了一幅幅人间仙境般的画面。独特的民族文化加之得天独厚的自然环境，具备发展生态博物馆的良好基础。

1995年，《在贵州省梭嘎乡建立中国第一座生态博物馆的可行性研究报告》提出，得到了我国政府的重视和挪威政府对这一项目的支持，并纳入了“1995—1996年中挪文化交流项目”之中。1998年10月，梭嘎生态博物馆及资料中心建成开放，成为我国第一座生态博物馆。随后相继又在贵州建立了花溪镇山布依族生态博物馆、锦屏隆里古城生态博物馆、黎平堂安侗族生态博物馆等一批生态博物馆，初步形成了贵州民族文化生态博物馆群。它们不仅代表4个不同区域的民族，而且具有不同的环境和不同的挑战。当地民众以对自己传统文化的固有感情，对脱贫致富和对外界的向往，热情地支持和参与生态博物馆的建设和实践。

我国生态博物馆从传统博物馆中走出来，在文化的原生地建立了第一代生态博物馆，突破了传统博物馆的局限性，弥补了传统博物馆的缺陷，实现了文化保护社区化和民主化的博物馆新理念。

多年来，学者们对生态博物馆的性质、信念、价值观、目的、特点、工作方法、组织建置和管理体制等课题进行了多方面的阐释和讨论。针对我国第一座生态博物馆创造的经验，研究提出了“六枝原则”。这些原则包括：

（1）村民是其文化的主人，有权认同与解释其文化；

（2）文化的含义与价值必须与人联系起来，并应予以加强；

（3）生态博物馆的核心是公众参与，必须以民主方式管理；

（4）旅游与保护发生冲突时，保护优先，不应出售文物，但鼓励以传统工艺制造纪念品出售；

（5）避免短期经济行为损害长期利益；

（6）对文化遗产进行整体保护，其中传统技术和物质文化资料是核心；

（7）观众有义务以尊重的态度遵守一定的行为准则；

（8）生态博物馆没有固定的模式，因文化及社会的不同条件而千差万别；

（9）促进社区经济发展、改善居民生活。

这些实践原则的产生是为了更好地在文化原生地保护文化，更好地尊重村民的主人地位。

生态博物馆不仅仅是为了促进旅游，更重要的是让人们记住自己的历史和文化，通过一个个具体的村子的历史和文化，让孩子们知道自己故乡的历史，了解祖先们曾经经历过的生活和走过的路，了解他们所创造的物质和精神文化。乡村内也建有室内博物馆，但是只作为生态博物馆的一个组成部分。

我国五千年的历史就是一部农业文明史，至今农业人口仍占全国人口的 50% 以上。村落文化景观在我国文化遗产中占有重要的位置，但是在城市化的进程中，它所面临的巨大危机显而易见。农村社区文化从农业生产、农村生活之中，从人与自然亲密接触之中形成，是当地民众世世代代积淀与传承下来的，是最有泥土气息的文化，是最富亲情的文化。

但是，农村社区特有的文化价值却长期被忽视。生态博物馆是在一个特定的地域内，在相对独立的社区群体中，仍然保持和延续着包括建筑、语言、服饰、饮食、工艺、知识、信仰、道德、法律、风俗以及生活能力在内的比较完整的文化形态。这样的社区群体有着双重性，一方面，拥有原生态的、唯一性的、独特的传统文化，保存得完整和丰富；另一方面，由于长期封闭，经济十分落后，物质生活条件较差，处于贫困的状况。在这样的农村社区中建立生态博物馆，必然要在保护文化遗产的同时，担负起消除贫困的任务。

在乡村文化景观中，最基本的要素是传统民居。这些民居建造于自然环境和文化背景之中，不同民族、不同地域的传统民居千姿百态，是人们识别不同乡村文化景观最重要的符号。传统民居的实用性与地域美，都是当地民众千百年来的文化创造。今天，民居的建造、保护与修缮，如果背离了历史文化之根而另搞一套，就必然造成对乡村文化景观和历史文脉的伤害与破坏。

不少历史文化村镇将一般城市规划中的分区规划、园林规划、城市设计的理念套用过来，通过规划建设复制城市文化景观，导致乡村文化景观单调而规则化、庸俗化和日益城市化倾向，空间关系缺乏相互联系，形成“万村一面”和同质化，使城市化现象进一步蔓延。与世界许多地方一样，钢筋混凝土立面和铁皮屋顶构成的、按照城市风格建造的村落和民居，正在改变着我国成千上万的美丽乡村，使它们变得单调、浅薄和粗俗。

生态博物馆理想的实现，取决于社区居民出于文化的目的和参与的程度，取决于生态博物馆能否营造和培育出适合自己生存的环境。“我们必须认识到：弱势群体可能珍视自己的文化传统，也可能自动地将其全部或部分加以抛弃。当社区居民因强势文化的撞击，而选择有可能背离传统文化的道路，并仅仅把生态博物馆视为改善社区生活的工具时，生态博物馆就会面临很大的危机。”[1]

生态博物馆能够凸现自己有益于社区发展，并直接使社区民众感受到实际利益的途径。但是，这些年随着旅游业的蓬勃发展，历史文化村镇旅游逐渐成为热点。与此同时，历史文化村镇作为生活场所和文化空间的功能却面临诸多挑战，居民生活与旅游生意之间的矛盾日益明显。到目前为止，各地的生态博物馆似乎都把借助旅游谋求发展看作是唯一道路。如果社区民众均以此维系参与生态博物馆的热情的话，生态博物馆也就失去了它存在和发展的意义，而仅仅成为一处旅游目的地。

在生态博物馆的问题上，我国与欧洲在发展阶段方面存在差距。欧洲生态博物馆概念最早提出来的时间是在 20 世纪 70 年代，那时欧国各地的经济社会发展已经达到一定的水准，但却面临着能源危机和生态压力，在这种文化背景下的反思，使其产生了对文化与生态的保护思想，这是一种自发的文化自觉的行为。可见，生态博物馆主要是社区居民在生活水平提升、经济实力增强、文化精神需求旺盛的条件下，由社区居民创办和发展起来的。

而我国的生态博物馆，大多数是建立在西部民族地区偏远的贫困山村，经济发展水平远远没有达到一定的富裕程度，文化发展水平也尚未达到自己创办生态博物馆的意识条件，生态博物馆是在当地民众对自己的文化没有一定的自信和认识的情况下建立的，“官办”色彩浓厚，由外来力量主导。村民并没有创办博物馆的主动性和积极性，成为一种被动的行为，或者只是为了在此名义下努力地摆脱贫困，他们甚至不知道该怎么创办和维持一个生态博物馆，成

① 黄春雨：《理想与现实——生态博物馆必须的对接》，见《2005 年贵州生态博物馆国际论坛论文集》，北京，紫禁城出版社，2006。

为生态博物馆建设的旁观者或被动参与者，因此出现一旦外来力量撤出，生态博物馆就面临偃旗息鼓的局面。

在这种背景下产生的生态博物馆，很难成为一种教育的工具和阻止文化退化的方式。“当一个长时间处于相对封闭状态的村寨，突然间向世界开放时，来自世界上高度发展的社会和技术的交流以及文化影响的涌入会造成什么结果，这是生态博物馆研究应解决的关键问题。”①

正如我们还不敢挖掘秦始皇和武则天的陵墓一样，因为一旦挖掘了，我们又没有能力保护，里面所有的文物都会在瞬间氧化，有些甚至会化为灰烬。文化也一样，尤其是没有文字记录的口头非物质文化更是如此。

一些民族村寨兴建为旅游服务的“民族村”“民族风情村”，把相邻民族的文化元素聚合在一起，试图展示各民族的传统文化和生活习俗。“但是这种新的文化产业的发展中，我们发现许多民间的传统文化成为一种艺术的表演形式，在这些表演形式背后，与农民们的宇宙观、道德观、生命观乃至生产方式紧密相连的传统文化，似乎正在碎片化甚至空洞化。这里面隐含了一系列令人担忧的问题。”②

目前，大多数生态博物馆更多面向的是旅游者而不是面向当地民众，在很多旅游经营者看来，满足游客需求、加强景区管理是头等大事，而如何满足居民需求、完善社区管理，似乎并不重要。在这些所谓的“民族村”“民族风情村”里，在发展以旅游业为依托的文化产业过程中，缺少对本地文化与自然资源价值的准确认识。同

① 吴昶：《文化遗产保护不容回避民生问题》，载《中国文物报》，2006-09-08。
② 方李莉：《西部人文资源与生态博物馆研究》，载《西部聚焦》，30 页。

时，对旅游从业人员更是缺少必要的历史文化知识和文化遗产保护理念以及“负责任旅游”“可持续旅游”方面的培训，不少导游在讲解中存在较大随意性，迎合参观者的喜好任意编造，鱼龙混杂，缺少本地特色。

浙江安吉白茶生态博物馆

在生态博物馆的建设过程中，还始终存在民族民间可移动文物和手工艺品流失的问题。一方面，是民族民间文物的非法贩运，这是目前国际文化遗产保护的最大难题之一，在我国生态博物馆中同样存在。当旅游者，特别是一些外国收藏家、文物贩子或者文物收藏机构来到民族村寨，并发现这些精美的民族民间文物时，往往会拿出一定数量的钱购买这些居民的祖传物品，使得尚处于贫困状态的村寨居民很难长期抵御这一诱惑，最终使这些民族民间文物离开了文化原生地，甚至流落异国他乡。另一方面，长期以来，民间艺人和民众手工制造的工艺品或生活用品，是为了满足家人或本地居民的需求，其中包含着使用功能、文化象征、精神寄托、场景装饰以及综合意义。但随着旅游市场的需求增长，这些手工艺品变成了批量生产的产品，用“典型”的样式销售给不懂行的旅游者。往往在进入这种状态后，成为产品的传统手工艺品逐渐失去了文化含义，质量也变得粗糙，降低了当地传统文化的声誉。同时，当地民间艺人和从事手工艺品制作的民众也因此而受到剥削，和他们所付出的劳动相比，销售价格过于便宜。

1992年里约热内卢“世界环境与发展大会”上通过了《里约热内卢宣言》和《21世纪议程》两个纲领性文件，使生态学成为一个流行的词语。在我国，1993年，吴良镛、周干峙等学者正式提出建立“人居环境科学”，着重探讨人与环境之间的相互关系，强调把人类聚居作为一个整体，而不像城市规划学、地理学、社会学那样，只涉及人类聚居的某一部分或是某个侧面。在这一背景下，生态博物馆可以成为提高人们的文化意识，保护文化遗产所在地的自然环境，促使人类社区可持续发展的积极力量。

生态博物馆“至今已历经30来年，并在不少国家都可发现它的顽强实践。但不可否认的是生态博物馆的发展并不是如创建者和支持者们期待的那样，拥有一个令人振奋的局面的出现，反而是在争议和艰难的实践中起伏”[①]。生态博物馆的思想产生于欧洲的后工业社会之中，是一种深刻的理念，不可能在距离这个时空十分遥远的我国原始民族村寨中自发产生。在我国，在这些正在摆脱贫困的

① 苏东海：《中国生态博物馆的道路》，见《2005年贵州生态博物馆国际论坛论文集》，北京，紫禁城出版社，2006。

村寨中建立生态博物馆就是为了保护文化传统的多样性，使这些村寨在现代化过程中不会丧失自我。要使村民接受生态博物馆，需要走很长的路。

今天，我们强调将生态博物馆思想进行中国化、本土化的实践。所谓本土化，就是和我国乡村的实际相结合。贵州生态博物馆建馆 10 年来，经历了初建时的兴盛阶段，目前正在步入艰难的巩固与提高阶段。生态博物馆在创建之初，就把帮助民族村寨“脱贫”作为第一任务，因为衣不蔽体、食不果腹是无暇顾及文化的。如果人们必须外出谋生，就是建立起生态博物馆也难以巩固。“这也就是国际上的文化生态保护区之所以不容易长期维持的原因，美国印第安人、爱斯基摩人保留地如此，新西兰毛利人保留地亦如此。”因此，生态博物馆既要考虑社会公众意识与整体利益，又要考虑区域内民众的现实需求，而采取适当的支持与补偿措施。

迄今为止，我国的生态博物馆建设，大多选择了民族文化极为丰厚、居民生活却极为贫困的古老民族村寨，脱贫几乎是每一个民族村寨所面临的最大问题，因此从一开始，这些生态博物馆的建设，就承担着社区发展和文化遗产保护的双重重任。

目前，我国所建立的生态博物馆，一般来说，均是当地政府根据保护文化多样性的需要给予热情支持以及专家学者根据文化遗产保护和博物馆事业发展的需要给予热情指导的产物。民族村寨是当地民众的家园，当地民众希望生态博物馆的建立，有利于改善自己贫困和生活水平低下的状况，往往也能够积极参与。由于有政府、专家和民众三个方面的积极性，就具备了生态博物馆建设的基本条件。

苏东海先生指出，“我不得不说，事实上外来力量成了村寨文化的代理人，村民则从事实上的主人变成了名义上的主人，没有外来力量的进入，就不可能有生态博物馆，这是事实。也许别的国家不是这样，但中国是这样。在中国建立一个生态博物馆并不难，而巩固它比建立它就难多了。因为建立它是政府和专家的行为，而巩固它只有文化主导权回归到村民手中，村民从名义上的主人回归到事实上的主人时，生态博物馆才得以巩固。”①

实际上，在我国古老民族村寨中建立生态博物馆，对当地社区和民众来说，都是一种超前的行为。要使生态博物馆得到巩固和发展，当地社区和民众都必须超越自己的固有观念和能力。任何一种先进理念和由此催生的新生事物，只有和现实的需求相契合才能具有生命力。

生态博物馆在理想与现实的对接过程中，需要实现技术层面的对接，例如记录、维护、保存文化遗存和建立信息资料中心等，这些可以通过借鉴传统博物馆的已有做法来完成。但是社区民众对自己传统文化和生活方式的认识，参与生态博物馆建设的目的，是否与建立生态博物馆的目标相一致，则是生态博物馆在理想和现实的对接过程中，所面临的最大挑战。

生态博物馆所保护的不是单独的文物，也不仅仅是古老的建筑，实际上是一个完整的文化空间，一个活态的文化肌体。对文化遗产的保护，从简单的收集、整理、展示，到在文化的原生地系统全面的保存、展示和传承，是文化遗产保护和博物馆实践上的一次飞跃。生态博物馆理想的实现，取决于社区居民出于文化的目的而参与的程度，取决于生态博物馆能否营造和培育出适合自己生存的

① 苏东海：《建立与巩固：中国生态博物馆发展的思考》，见《2005 年贵州生态博物馆国际论坛论文集》，北京，紫禁城出版社，2006。

环境。

虽然，目前各地生态博物馆的建设，或多或少地存在一些问题，但是这些属于具有开创性的实践中的正常现象。对于我国生态博物馆发展中存在的问题，应给予更多的宽容，不断总结，不断完善，不断提高，使我国生态博物馆的建设更加符合我国国情，探索出中国特色的生态博物馆建设道路，建立起中国特色的生态博物馆理论体系。

“博物馆的方法是在不断创新之中，我们并没有一个标准的模式。”[①] 但是，人们已经通过实践，看到生态博物馆在延续乡村文化景观、保存珍贵文化记忆、提升民众文化自觉、保障民众主体地位、推动社区经济发展、促进社会各界合作、扩大社区文化传播和完善自身能力建设等方面的积极作用。

生态博物馆推动了社区经济发展。生态博物馆不是静态地展示一定历史时期或一定社会形态的文化，生态博物馆也无权阻止社区发展。当一个历史地区或民族村寨进入生态博物馆社区时，无论是地方政府还是专家学者以及过往旅游者都必须认识到，任何人都无权凝固其中自然环境与人类生活之间的关系，任何人都无权剥夺当地社区的可持续发展，当地民众同样拥有享受现代化生活的权利。就目前我国已经建立起来的众多生态博物馆来说，虽然当地社区传统文化均十分独特和丰富，但是社区民众的生活却往往极其贫困。

生态博物馆的根本目的是保护物质与非物质文化遗产，而不是保护贫穷与落后。一个贫穷与落后的社区，在未来市场经济的大潮中，不可能保护好自己的文化遗产，“贫穷和自卑往往是联系在一起

① 苏东海：《论坛小结》，见《2005年贵州生态博物馆国际论坛论文集》，241页，北京，紫禁城出版社，2006。

的”，在金钱和利益的诱惑下，当人们只看到社区文化的经济价值，反而会加速文化遗产的消亡。只有社区民众的物质文化水平不断得到提高，生活逐渐富裕，才能提高对社区文化的自尊心和自信心、自豪感和责任感，才能增强保护社区文化的自觉性。

如果没有民生问题的思考，当地民众作为文化资源的拥有者，必然会对以社区文化保护者自居的“外人”产生抵触情绪。因此，在当地民众生存的“活态”社区建立生态博物馆，社会发展是先决条件。在不损害当地社区文化价值和当地民众文化权益的基础上，必须努力提高社区民众生活水平。例如生态博物馆所带来的通水、通电、通电视、通电话和通公路等，成为提高少数民族地区民众生活质量的重要手段，完全符合民众的意愿，在这里经济生活的改变是正常的改变，文化生活的发展是不可阻挡的发展。事实证明，文化虽然可以相对独立于经济，但文化最终不能脱离经济基础。生态博物馆必须为促进社区经济社会发展做出贡献，才能真正地实现自己的使命。

生态博物馆促进了社会各界合作。生态博物馆的建设正为专家学者深入了解、研究和挖掘各少数民族地区文化提供一个活态的基地。各民族丰富多彩的文化通过生态博物馆这种形式得以搜集、保护、展示，受到了国内外民族学家、人类学家、考古学家、社会学家、文化学者、民俗学者等科学工作者的密切关注和热烈欢迎，一批批有分量、有深度的研究成果陆续涌现。生态博物馆的工作对象是复杂的，是特定社区文化与社区民众、社区发展的关系。其内容从横向看，既包含文化遗产和自然遗产、可移动文物和不可移动文物等有形存在，又包括语言、规则、信念、行为、人际关系和人地关系等无形存在，还包含社区民众对待自己的文化和文化遗产的认知和评价状况等；从纵向看则包括过去、现在和未来。生态博物馆的知识基础，更倾向于研究复杂系统的人文科学和社会科学。①

贵州隆里古城生态博物馆

生态博物馆注重同时保护文化遗产和自然遗产，可移动文物和不可移动文物，物质文化遗产和非物质文化遗产，鼓励社会多元因素参与生态博物馆的各类项目；鼓励跨学科、跨行业、跨系统、跨领域的各方面专家参与合作；鼓励运用人类学、历史学、语言学、考古学以及社会学等多种研究方法和理论，解读生态博物馆所在社区的文化深层结构，构建生态博物馆的创新理论。

生态博物馆扩大了社区文化传播。将美丽的自然风光与多彩的民族风情完美结合的生态博物馆，是所在地文化旅游发展的基础。生态博物馆是没有围墙的博物馆，旨在向参观者表现全部的文化信息，因此向外界展示和善待参观者是生态博物馆的重要课题。

① 宋向光：《生态博物馆理论与实践对博物馆学发展的贡献》，见《2005年贵州生态博物馆国际论坛论文集》，53页，北京，紫禁城出版社，2006。

现代人对于乡村文化景观的依恋可以追溯到观光农业的兴起，而自然村寨的旅游吸引力则与逆城市化的价值认同相适应，牛态博物馆以其特有的方式慰抚着人们的怀旧和思乡情结。生态博物馆中文化景观与自然景观之间直观的和谐关系，在研究和观赏方面的极具吸引力。生态博物馆强调地方特性和地方感觉，其价值和意义正在被人们所认识和理解。

生态博物馆不能将自己封闭起来，参观者理应在生态博物馆受到欢迎。生态博物馆也能够在社区文化保护与负责任旅游之间寻求结合。如果一个民族村寨拥有独特的传统文化，而不向外界传播，没有得到外界的欣赏，就难以展示文化多样化的价值。越是能为外界所欣赏的文化越有生命力，外界的赞叹应作为激励文化传承的重要动力。应科学评估大众旅游带来的负面影响，正确认识两者和谐发展的重要性。事实上，当大批参观者来到生态博物馆，激发了当地民众的文化活力，参观者对当地传统文化的高度评价，提高了社区民众保护的热情，增强了在外来文化面前对自己文化的信心，此时社区民众的表演和展示，已不仅仅是出于商业目的，而是出于文化自豪，他们真正感到成为自己文化的主人，文化遗产也才拥有自觉传承的基础。生态博物馆周边其他村寨的民众，通过参观生态博物馆，也会认识到保护自己家乡文化遗产的重要性，扩大生态博物馆的社会影响。

生态博物馆不断完善着自身能力建设。生态博物馆的核心是实践性，在管理、运作、资金、人员和服务设施等方面，各地的生态博物馆都具有自己的特点。与传统的以静止、固态的物品为导向的博物馆不同，生态博物馆所包含的内容更为广泛、形式更为多样。因此，根据传统博物馆的实践经验，很难解决生态博物馆所面临的全部任务和现实挑战。

生态博物馆要更加积极地探讨与文化主体，也就是与当地民众的合作方式。当地民众是社区文化的创造者、见证者和拥有者，应该拥有更多地参与机会，主导生态博物馆的发展。同时，生态博物馆中人们传统知识系统必须受到尊重、发扬与保护。要根据文化多元性特点，突破原有的学科界限，以平等、尊重的态度欢迎社会各界的参与实践，更广泛地吸收不同领域的成果，使生态博物馆成为不同学科交流和互动的空间，推动生态博物馆文化的广泛传播。

例如菲律宾拉博拉多生态博物馆，持续地开展社区活动，包括节日庆典、河流清淤、森林保护、电脑网络、青年培训等，受到社区的广泛支持和赞扬，体现出可持续发展的社区特性。随着终生学习时代的来临，应使终生学习包括在生态博物馆的发展中，通过生态博物馆的活动，为当地民众和参观者提供知识，并把知识传递给下一代的机会，可以使当地居民和参观者增强对文化遗产的感情，正确理解文化遗产的价值。

生态博物馆同时也在不断地延伸与拓展。2008 年 10 月，“村落文化景观保护和可持续利用国际学术研讨会”在贵州贵阳召开。会议代表认为，村落文化景观是自然与人类长期相互作用的共同作品，是人类活动创造的并包括人类活动在内的文化景观的重要类型，体现了乡村社会及族群所拥有的多样的生存智慧，折射了人类和自然之间的内在联系，区别于人类有意设计的景观和鲜有人类改造印记的自然景观，是农业文明的结晶。村落文化景观展现了人类与自然和谐相处的生活方式，记录着丰富的历史文化信息，保存着民间传统文化精髓，是人类宝贵的文化遗产。村落文化景观所蕴含的自然和文化多样性是未来理想生活的活力源泉，具有重要的文化象征意义。

苏东海先生在总结我国生态博物馆建设的基本经验时指出："生态博物馆的思想必须本土化才能生根。生态博物馆的思想具有普适价值，但它存在的形态却是千差万别的。它是一颗思想种子，必须种在土壤中才能生根。一切从国家的、社会的、本地的实际出发，生态博物馆才有希望自下而上地发展下去。"今天不应试图把生态博物馆模式化，不应否定各个地域的特殊性，因为模式化可能导致不顾当地的特殊性，建造标准化和形式化的生态博物馆。生态博物馆应该根据地域特点而千姿百态。生态博物馆不应以文物储藏所、观众参观点、纪念品商店或标本陈列室结束。

在目前全球化的背景下，博物馆从来没有像今天这样前景开阔，充满了发展机遇。著名物理学家海森伯指出："在人类思想史上，重大成果的发现常常发生在两条不同的思维路线的交叉点上。"2008年"国际博物馆日"的主题为"博物馆：服务于社会变革和发展"。这一主题，从更高层次上明确了赋予博物馆的社会责任，从而要求博物馆进一步增强使命意识、责任感和自觉性，努力完善自身功能，充分发挥社会教育和文化传播功能，更好地为社会及其发展服务。今天博物馆的核心价值，是从保护藏品到保护遗产，再到服务社会，进而推动社会变革的神圣责任的回归，这是人类在现代博物馆诞生两百多年后的历史选择，是人类在进入全球化时代后的理性决策，是对博物馆具有永久意义的真理原则与价值原则的科学诠释，更是对要成为"一个在保护世界文化遗产和自然遗产方面令人尊敬的声音"卓有成效地履行。

新时期博物馆文化发展的目标，从满足广大民众日益增长的文化需求，拓展到保障广大民众的基本文化权益，进而又拓展到让广大民众共享文化发展成果。因此，不能认为博物馆只是历史的收藏、文化的积累、藏品的仓储、静态的展示，同时博物馆也应努力位居时代的前沿，催生人们对美好生活的向往，催生社会崭新的艺术、观念和行为。

近年来，伴随人类对保护文化多样性的觉悟逐渐强化，对文化遗产多样性的认识也逐渐加深，同时也带动博物馆文化多样性的思考。人们认识到，“博物馆不在于它拥有什么，而在于它以其有用的资源做了什么”。博物馆的触角深入到社会的各个领域、各个行业、各个阶层。博物馆的功能也已经大大超出以往博物馆所发挥的职能和所承担的义务，博物馆不但成为城市文化的关注点，而且与城市的经济社会发展息息相关。2010 年国际博物馆协会会议的主题是“博物馆致力于社会和谐”，充分表达了人们追寻自身精神轨迹的清醒意识。当前，文化遗产保护的视野不断扩展，从文化遗产到自然遗产，从历史遗产到当代遗产，从物质遗产到非物质遗产，由此博物馆的保护、研究、展示空间，也必然从传统博物馆的“馆舍天地”，走向高山、田野、荒漠、水下等“大千世界”。今天，必须从相对狭小的“馆舍天地”中走出来，迈向更为广阔的“大千世界”。原先栖身于一隅，也许自觉为其乐无穷；当进入这“大千世界”，更能感到自己“任重而道远”。

面对时代进步，面对文化遗产保护“博物馆化”和博物馆文化“文化遗产化”的发展趋势，博物馆文化必须要有新的创造，博物馆文化的进步，必将丰富和提升原有的文化含量。对于博物馆事业发展面临的诸多问题，需要有全面的分析与整体的思考。实现博物馆的文化创新，需要有坚定的自信和包容的胸怀。需要更多地介入社会，更多地关注公众，从而发挥更多的社会功能，担当更多的社会责任，完成一次历史的飞跃。博物馆的工作范围和价值影响，已经不仅仅是在馆舍之内，而是已经走出博物馆的围墙，涉及更广泛的内容。

历史长河滚滚向前，社会发展生生不息，人类在这颗蓝色星球上的文化创造也必然永不停歇。今天的时代亦将成为明天的历史。博物馆作为当今社会重要的文化机构，必须对城市化、信息化和全球化时代做出积极回应，重新检讨博物馆在信息化时代与学习型社会中的角色定位，实现博物馆功能的不断扩展。

探讨社区博物馆的核心理念

（2010 年 12 月 20 日）

社区博物馆从出现之日起，就成为人们关注的对象，它对博物馆事业的发展产生了深刻的影响，同时也开启了博物馆学研究的新领域。纵观国内外的实践，可以认为社区博物馆是传统博物馆范围与界限在特定条件下的扩展，贯穿着对于博物馆功能与职能的重新定位。社区博物馆力图冲出馆舍天地，突破文物藏品的狭义概念，并且使文化拥有者成为文化的主人，其核心理念突出反映在“整体保护”“原地保护”“活态保护”“自我保护”“开放性保护”“发展中保护”和“可持续保护”等方面。

一、“整体保护”的理念

在我国，传统意义上，社区问题往往被简单理解为居民住宅状况以及居住环境问题，而忽略将社区作为一个整体，忽略社区内各居住单元相互之间的外部性联系。如今，人们对居住概念的理解发生了明显变化，开始关注个体、家庭和社会三者在生活行为和居住空间层面上的对应关系，探讨居住问题与社会稳定的关系，并提出基于“社区发展”的一系列理念。社区博物馆深深植根于当地社区，满足于今天和未来的需要。社区博物馆试图整体地保持社区文化的健康发展方向，并为后代留下文化记忆的物证。人们对于社区内文化遗产资源的认识，也有一个进步的过程，开始将关注的焦点投向一些过去所忽略的内容，特别是那些生存状态脆弱，亟待抢救的文化遗产，例如历史街区、传统民居、文化空间、传统技艺等。社区博物馆引入“整体保护”的理念，即将社区特有的自然和文化遗产进行整体保护，并保存在社区原生环境中，内容涵盖与社区民众生活联系在一起的所有可移动与不可移动文物、物质与非物质文化遗产，涵盖一切见证社区发展的集体记忆场所，涵盖全部构成社区人居环境的文化景观和文化空间。通过社区博物馆整体保护理念的建立，起到保护和表达社区文化多样性的作用，并倡导当地居民以一种积极态度对传统文化进行传承和发展。

美国华盛顿安纳考斯提亚社区博物馆

在所有的社区博物馆中，文化遗产保护和博物馆工作应融为一体。“在理念上，社区博物馆与生态博物馆秉持着相似的精神境界，均关心博物馆与社区的关系，然而生态博物馆并不以社区为界。”[①] 社区博物馆在空间形式上具有较明确的地理区域，但是因其辐射范围具有关联性和广延性，往往不具有确切的地理分界，而由社区博物馆文化特质的影响范围所决定。社区博物馆的空间形式可能是它的核心区域，也可能是它的全部。因此，社区博物馆的工作范围界定，与传统博物馆相比更加复杂，包括本体与环境、文化与自然、物质与非物质的一切因素，特别是包括社区民众生活中的一切习俗、传统、观念、仪轨等文化表现，可以说包括社区文化的完整系统。社区博物馆往往将传统民居、历史街巷、自然环境以及生存状态等纳入博物馆范围，从而突破了传统博物馆在固定空间内展示文物藏品的格局，展览空间从室内拓展到室外，展示内容从静态走向动静搭配。社区内部各项文化遗产因素，既可以单独存在，又作为文化遗产整体中的要素而存在。在社区博物馆的理念中，环境是一个重要的因素，离开特定的文化与自然环境，社区博物馆将不复存在，而树立整体保护的理念，则可以大大提高社区民众的环境意识和可持续发展能力。

社区作为人类文明发展到一定阶段的产物，是为满足人的生存和发展而形成的一种人居环境。“随着时间的推移，城市的每一部分，每个角落都在一定程度上带上了当地居民的特点和品格。城市的各个部分都不可避免地浸染上了当地居民的情感。其效果便是，原来只不过是几何图形式的平面划分形式，现在转化成了邻里，即是说，转化成了有自身情感、传统，有自身历史的小地区。”[②] 社区

① 弗朗索瓦·科泰等：《博物馆：城市之脉动与激情》，载《国际博物馆》，2006（2），43页。

② 帕克等：《城市社会学——芝加哥学派城市研究文集》，宋俊岭，等，译，5页，北京，华夏出版社，1987。

自产生之日起就不仅是经济聚集体，而且是人类文明的汇集地，是文化资源相对丰富的社会区域。由于城市社区是一个协调统一的整体，因此在保护过程中必须遵循社区发展的历史规律，保持社区肌理的相对完整性，从而确保社区整体的协调统一。“我们爱护文物建筑，不仅应该爱护个别的一殿、一堂、一塔，而且必须爱护它的周围整体和邻近的环境。我们不能坐视，也不能忍受一座或一组壮丽的建筑物遭受到各种各样直接或间接的破坏，使它们委屈在不调和的周围里，受到不应有的宰割。”[①]因此，不但要保护社区内的文物古迹、历史建筑，还要保护构成整体风貌的所有要素，例如街巷、院墙、小桥、溪流、堤岸、古井及古树名木等。同时，社区内有大量居民生活其间，有其特有的社区文化，不能只保护那些历史建筑的躯壳，还应该保存它承载的文化，保护非物质形态的内容，保护文化多样性。

随着我国基层自治组织的建设，和谐社区建设力度的不断加大，基层管理职能向社区的下移，“小政府、大社会”的格局有可能逐步形成。当地居民对社区生活和文化环境的关注度逐步提升，社区凝聚力日益增强，社区文化活动更加丰富多彩，居民参与社区活动的积极性明显提升。实际上，在欧洲对于社区的理解要宽泛得多，所指的不仅是最基层的地方政府组织，同时又是居民高度自治的自我管理和服务机构。德国通过立法的方式确保社区高度自治，以此保障社区自身的建设与发展，有利于提高管理效益，促进民众对社会生活的参与热情，培养其参与社会生活的能力，并有利于社会问题的解决与政治情绪的合理释放。[②]社区文化作为一种文化形态，是

① 梁思成：《北京城——都市计划的无比杰作》，见《梁思成文集（四）》，62页，北京，中国建筑工业出版社，1986。

② 袁剑：《稳定完善的德国社区建设》，载《中国文化报》，第3版，2010-07-23。

历史文化传统的积淀。保护社区中的文化遗产，就是保护社区文化发展的延续性，也是保存社区文明发展的脉络。早在20多年前，英国学者K.赫德森（K.Hudson）就曾提出“完整性博物馆”的概念，并且指出“完整性”指的是博物馆的公共活动，指的是认识到博物馆的存在是为了满足民众的需要，而不单是为了保护文化遗产。为此，博物馆应当“陶冶其所服务社区的思想意识”，“反映当代的问题”，“把过去与现在结合在一起”，“并投入到必需的结构变革中去”。

二、“原地保护”的理念

今天，“让市民走进身边的历史”已经成为社区文化和文化遗产保护运动的主流。文化学者怀特（White）在《文化科学——人和文明的比较研究》中指出：“每个人都降生于先于他而存在的文化环境中，当他一来到世界，文化就统治了他，伴随着他的成长，文化赋予他语言、习俗、信仰、工具等。总之，是文化向他提供作为人类一员的行为方式和内容。”人们在某地定居，就必然要与所在的社区建立联系，这种联系既存在于空间之中，又存在于时间之中，形成具有独特逻辑关系的交流网络。F.滕尼斯（F.Tönnies）认为“社区是一种由同质人口组成的具有价值观念一致、关系密切、出入相扶、守望相助的富有人情味的社会群体。在社区中，个人与社会的一致性表现为有共同的价值取向，有亲密无间的关系，有强烈的归属感”。[①]城市中的每一个人的大部分时间，都在社区中度过，社区的人文环境、自然环境、民风环境、文明程度等，对每一位社区民众都产生着极其重要的影响。苏东海先生指出“社会办的这些博物馆与传统博物馆不同，这些新博物馆是在行业之中、社区之中，在

① 朱国云：《社区管理与服务》，2页，天津，天津大学出版社，2010年。

文化的原生地保护和展示自己的文化遗产。这就把文化遗产与遗产产生的环境统一在一起，把遗产的产生者和遗产的保护者统一在一起。这就实现了把文化还给文化原生地的理想”。[①]

社区博物馆的诞生，是对传统博物馆理念的挑战。社区博物馆和传统博物馆的重要区别是，在文化的原生地保护文化遗产，并且由当地居民自主管理和保护文化遗产，使文化遗产的原生环境与文化遗产得到一体保护。社区内的传统建筑、文化景观、自然风貌、风俗习惯等所有物质与非物质遗产都因社区博物馆的建立而具有特殊的含义。社区博物馆的理论出发点在于，社区民众不应当与社区的文化遗产相分隔，而应在保护文化遗产的基础上创造未来，从而强化博物馆的社会功能。与此同时，当地居民利用社区博物馆这一手段，增进对社区文化的了解，增强自信心和自豪感。社区文化就其内涵和外延来看，是具有鲜明地域特点的文化。只有准确地把握社区中文化遗产保护的特点及其规律，才能真正理解社区文化。在文化认同危机加剧的情况下，社区博物馆要实现对文化遗产的成功保护与传承，首先要成为具有本土特色的博物馆。真正意义上的本土化、特色化博物馆不仅指藏品上有特色，最重要的是博物馆能置身于所处的文化背景中，与所在地的文化气氛、公众心理和社会需求相适应，保护历史、展示精髓、阐释文化，增强广大民众对文化遗产的认同，并形成与所在地公众的文化互动，使保护文化遗产成为人们的自觉行动。

随着城市现代化的推进，人们日常生活的公共化程度不断加强，衣食住行和人际交往等日常生活的各个方面，越来越多地由公共设施来承担。伴随这一变化趋势，人们日常生活越来越便利，但是人际关系却日渐疏离，家庭、邻里、社区等传统的联系纽带受到

① 苏东海:《当前我国博物馆热的现象及其意义》，载《浙东文化》，2008 年创刊号，7 页。

美国华盛顿安纳考斯提亚社区博物馆

削弱，朋友关系、邻里关系，甚至家庭关系，都在不同程度上有所淡漠。实际上，从内心渴望来看，人们更愿意在那些不断产生归属感、亲和力，最终产生文化认同的社区中生活。通常所说的社区文化是指社区共同体在长期生产和生活实践中，逐渐形成和发展起来的传统信仰、价值观念、生活方式、行为模式、风俗习惯、群体心理和公共意识等一系列精神现象的总和，是社区共同体得以形成和维系的精神纽带，也是社区认同的基点。社区文化建设就是凝聚社区共识，积累社区文化，建设和谐精神家园，构筑意义共同体的过程。今天，在社会重心下移、“社区”取代“单位”成为人们社会生活和国家治理基本单元的时代，社区文化建设成为社会文化建设的重要内容和支撑。如何丰富居民的精神文化生活，促进沟通与交流，增强社区凝聚力和当地居民的认同感、归属感，形成真正的社会生活共同体，应该是今天所倡导的和谐社区建设的重要命题。[①]

城市是以社区为单元形成的有机整体。城市的细胞是社区，城市的活力也在社区，没有社区的个性，就没有城市的特点。从城市文化建设的高度思考，不应将城市中的博物馆仅仅定位于可移动文物的保护设施、研究机构和展示场所，使它们与社区民众日常生活的关系日渐疏远，而应该使博物馆与城市文化发展建立起更加紧密的联系，拓展其独特的社会教育职能。文化遗产一旦放在传统博物馆中，往往就割断了它们与原生环境之间的生动联系，失去了它们最初的实际意义。使博物馆融入社区生活既是一种文化智慧，又是一种历史责任。通过社区博物馆的设立和博物馆活动的开展，使之与所在城市社会变革和发展紧密结合，使社区民众更加关注所在城市的文化变迁和社区的文化生态。如此，社区博物馆与城市文化建设的关系，将不再只是静态的空间关系，而是多层面、多方位的，复杂的互动关系。今天，社区需要借助文化的力量来达到经济社会持续稳定的发展，社区博物馆应成为可持续发展的重要因素和关键保证。为了实现这一目标，社区博物馆应尽可能恢复展品的现实功能，使陈列展览的主要特征不再是空间的阐释，而是人的社会活动，即使在室内博物馆展厅内，也可以与社区文化建立起多层次地沟通与联系。

三、“活态保护”的理念

历史街区是城市内涵浓缩的精华，往往具有协调的历史风貌，具有真实的历史遗存，具有传统的民居建筑，具有鲜明的典型特点，

① 黄家亮：《社区文化建设与社会生活共同体构建》，载《中国文化报》，第3版，2010-07-23。

反映城市的历史面貌，代表城市的传统特色。对于历史街区的保护，重在整体活态保护。吴良镛教授认为，“首先要把旧城看作‘有生命的整体’（Living Organism），即使是要精心保留的文物建筑，也不能当作‘木乃伊’，而要尽可能地派上适当的用途，即所谓旧建筑再利用（Adaptive Reuse）。整个旧城更不能成为‘博物馆城’，‘既然是有生命的整体，当然就要有新陈代谢’。但不是大拆大改，而是要走‘有机更新’的道路，这一点道理要明确。”[①] 早年陈之凡先生在《剑桥导引》中指出，许多许多的历史才能形成一点传统，许多许多的传统才能形成一点文化。历史传统是社区文化的宝贵资源，也是社区文化创新的重要基点。从一定意义上说，社区研究是研究整个社会的起点，是社会研究的具体化，而且更加易于把握。社区文化有着静态与动态的双重含义。静态地看，社区文化是一种状态和结果；动态地看，社区文化则是一个内涵不断丰富的历史过程。一个健康的社区必然具有一定的文化传承性和公众参与性，由此也具有一种生命的特征，它是活态的、变化的，有着自己的特色和个性，有着自己的内涵和外延，有着自己的精神和灵魂。

社区博物馆作为一种观念和工具，不仅使人们对文化遗产的保护、研究、展示更加科学，也更加注重过程性，并实现对文化传承过程的保护。任何一座历史性城市的社区都有深厚的历史文化积淀，其中许多文化信息都蕴藏在传统街道中、历史建筑里。一座文明的城市，一座富有魅力的城市，总是新旧街道、新老建筑的信息相互叠加、和谐互动。“这些传统街道、历史建筑呈现出活态和动态特征，静态的建筑与流动的时间，共同确立了社区的生活方式。”[②] 社区是有

① 吴良镛：《北京旧城保护研究》，载《北京规划建设》，2005（2），65页。
② 海伦娜·弗里曼：《没有围墙的博物馆》，载《国际博物馆》，2006（2），55页。

生命的，生命中充满了故事，随着时间的流逝，故事成为历史，而历史演变为文化。“我们就是我们所讲述的故事的一部分”，这意味着必须面对这一挑战，尊重人们讲述自己文化历程的故事的权利，尊重人们为自己社区形成的文化赋予意义的权利。今天，人们看待文化遗产的目光，不论是建筑的、环境的或景观的，均在不断发生着变化。同时，社区文化动态发展，社区博物馆与社区的关系，不再只是静态的空间关系，而是与所有社区民众生活密切相关，呈现多层面、多方位的复杂互动关系。“而且可以预见，随着财富的积累，物质消费对于生活必需所占比例的不断降低，科学观念的深入普及以及社会的进步，人类生活的博物馆化将不可避免，人类也将更有能力更加生态地、连续地处理我们生活于其中的自然环境与文化成就。”[①]

美国华盛顿乔治城老房子博物馆

应更加注重博物馆文化在社区生活中的作用和意义。将文化遗

① 曹兵武：《生态博物馆：谁的生态？贵州生态博物馆国际论坛参会笔记》，见《2005年贵州生态博物馆国际论坛论文集》，261页，北京，紫禁城出版社，2006。

产资源保护与社区文化特色的认知相结合，建构文化空间网络，强调多元化展示和利用。只有将博物馆文化资源融入到社区空间之中，与当前的社会生活衔接起来，才能使更多人认识文化遗产、了解文化遗产，才能实现有效保护。生活在一个健康的社会环境中，可以使人身心愉悦，安居乐业，发挥出最大的潜能，为社区发展贡献力量。同时，良好的社区文化也有利于保持社会的稳定，缓解各阶层的矛盾，加强凝聚力，促进人们之间的沟通和交流，为社区发展节约许多社会成本。任何社区都存在传统，既包括一般意义上的文化传统、生活习俗等，又包括社区发展历程中可歌可泣的精神文化，这是社区赖以存在的精神支柱，鼓舞、激励着社区民众，并在很大程度上成为社区民众共同的文化心理。社区居住品质的提升，不但包括作为生存需求的物质空间的提升，而且包括作为心理需求的文化空间的提升。人们创造了有形的社区，社区反过来又以无形的方式陶冶人、塑造人。社区民众的价值观念、思维方式、道德水准、社会风尚等因素是社区文化建设的综合反映，也是社区文化建设发挥作用的过程与结果。宜人的居住空间应包括便利的生活网络和良好的社会空间，这些取决于完善的公共设施建设和和谐的社区居住环境营造。

为此，应努力保护社会成员的生活网络，包括对历史街区基础设施的完善和居住环境的改善，并使生活环境改善的范围能够覆盖更多的社会群体。今天的博物馆面前还有许多挑战，这与本地区建立新形式联系是分不开的。社区是一个复杂的动态系统，是物质、社会、环境和经济等因素演进发展的结果，同时也在推动这些因素之间的相互关系的发展。一些社区博物馆在创建之初，馆舍往往利用当地的历史建筑或空置建筑加以改造而成，而不是为了设立博物馆的目的，首先着手兴建馆舍，虽然这些历史建筑或空置建筑存在展示空间不适和活动容量有限的问题，但是由于所选择的地点位于社区中心或当地居民易于利用的地方，又是社区民众有着共同回忆的历史空间，可以增强居民的凝聚力和向心力。另外，由于缺少永久性的博物馆藏品，因此社区博物馆是以当地居民为主体，而非陈列展品为主体，使社区博物馆得以实现由“以物为中心”向“以人为中心”的转变。一些社区博物馆为了举办专题展览，向当地居民征集展品，这些从各家各户汇集的展品，“来自于使用的人，而非独立于人之外”，有着来自现实生活的热度和气息，格外受参观者的欢迎。在展览结束后，再将各家各户的展品归还，这些做法使人们认识到自己身边文物的价值以及它们对于自己生活的意义。

四、“自我保护”的理念

民众是社区文化的创造者，社区文化的保护应由民众参与。当地居民与社区之间有着独特的精神与物质联系，对于居民来说，社区与他们的知识系统存在密不可分的关系。民众是社区的主人，也是社区记忆的主体。“一个城市的形象取决于人们对她的历史记忆。”城市规划学家林奇说：“城市可以被看作是一个故事、一个反映人群关系的图示、一个整体分散并存的空间、一个物质作用的领域、一个相关决策的系列或者一个充满矛盾的领域。”[①] 每一位曾经在本社区有过重要活动的文化名人，每一件曾经在本社区发生过的重大历史事件，都应成为珍贵的社区记忆。如果将文化名人对社会的贡献，历史事件对社区产生的影响，展示给社区民众，能够使社区民众了解和认识本社区的光荣历史，从而产生自豪感。不仅如此，社区博物馆还要从各方

① 凯文·林奇：《城市形态》，林庆怡，等，译，27页，北京，华夏出版社，2001。

面了解社区民众的需求，积极满足社区民众的需求，适时推出各类有意义的活动。社区文化通过对个人思想和情趣的净化、对心理及行为的渗透影响居民的素质，正如人们肯定环境对人的影响一样，文化对人的发展也有潜移默化的作用。而且，由于社区是人类聚集的一种方式，个体行为特征会在发展中形成群体性，社区文化不仅有助于提高市民的个人素质，也对形成良好的社会风气有很大的作用。

社区是人们聚集的一种形式，人们在这个特定的区域里相互交往、相互影响，以社区为归宿地，形成眷恋感和依附性，这便是民众的社区意识。民众不仅是社区的主体，也是文化的主体。几乎所有的博物馆都位于一定社区范围内，并与社区发生着不同程度的关系，但是不能因此将它们一概称为社区博物馆。社区博物馆强调博物馆的范畴以社区民众为主。社区博物馆应被理解为属于社区民众的博物馆，例如由社区民众或社区组织出资兴办、利用社区内的传统建筑作为博物馆用房、藏品或展品来自于社区民众的捐赠或征集等，但更为重要的是，社区博物馆由社区民众管理，由他们组织活动、参与活动，使社区博物馆在社区日常生活中，如同生活基础设施一样，发挥着实质性作用，成为社区公共服务体系的重要组成部分。社区博物馆一方面乐于接受来自社会各界的帮助和指导，例如来自地方政府的扶持、来自大型博物馆的专业指导、来自有关机构的资助等。另一方面也积极向社会提供开放服务。但是社区博物馆更强调社区民众的参与和社区文化的自我展示。在这些方面，社区博物馆与由政府投资兴建、政府出资运营、配备正式公职人员维护管理、与周围社区民众没有必然联系等情况，形成鲜明的区别。

社区博物馆中居民主导及参与的概念非常重要。如果不考虑与之相伴的生活群体，不考虑他们的生活方式和态度，不把社区民众作为文化遗产保护中的积极力量进行整体考虑，社区博物馆的建设将失去意义。社区博物馆发展的真正难点，在于如何使当地居民切实加入到社区博物馆的建设中来，如何共同承担起传统文化保护与传承的艰巨任务，这将在很大程度上决定社区博物馆的成败。“如果它们具有关于社区历史和发展的基本知识，如果他们时刻意识到自己是社区的一员，那么他们会感到更有信心。”“社区是人们的安居之所，需要知识和尊重，需要启发心智。”① 一方面，社区博物馆的发展关键在于当地居民社区意识的形成，使当地居民能够在自己所生活的土地上熟悉自己，也唯有通过社区民众的主动参与，社区博物馆才可能成功。另一方面，社区民众拥有保护文化遗产的权利，通过社区博物馆，社区民众自己能够决定保护什么和如何保护，能够使居民更加有效地实现在时间和空间中的自我价值。新的文化遗产保护理念激发了各地政府的保护与传承热情，而这种热情又需要通过社区民众的积极介入体现出来。由于社区博物馆的建立，使当地居民能够实现愿望、自我体验，并按照自己的意愿进行保护与弘扬，由此增加了社区民众的自信心和自豪感。

对传统意义的博物馆而言，它是“历史物质证据收集、保存和展现的场所”，而社区博物馆用综合和历史的方法来接近社区民众物质生活、精神生活的各个方面，包括可移动和不可移动、物质的和非物质的文化遗产资源，更多地关注活态遗产的承传。因此，社区博物馆除了陈列展览以外，还经常通过博物馆文化活动等形式来实现文化功能，这些形式都是鲜活的动态的社区文化组成部分。社区博物馆的文物藏品也不只是艺术品、出土文物和宗教纪念品，还包括与社区传统文化、地域文化、民族文化有着更为复杂联系的传世

① 海伦娜·弗里曼：《没有围墙的博物馆》，载《国际博物馆》，2006（2），55页。

物品。社区博物馆强调文物藏品对社区民众的意义，对区域社会和生活发展的意义。这些文物藏品保存在社区博物馆，与保存在一般博物馆的意义不尽相同，因为它们与社区文化中的人物或事件有关，在原生态环境中进行研究和展示，这些文物藏品的真实性和完整性以及特殊意义可以得到最佳表达和说明，可以对社区的文化凝聚力和信仰体系产生重要的影响。社区博物馆的陈列展览语言也有其独特性。P. 瓦勒里（P.Valery）认为，艺术作品一旦放在博物馆中，就失去了它们的即时性、独特性、内在性和自律性等最初的实际意义，就不可能引领参观者到达一个新的境界。而在社区博物馆中，陈列展品尽可能地恢复现实功能以及与社区环境千丝万缕的联系。

香港活化历史建筑美荷楼青年旅社

五、“开放性保护”的理念

近年来，博物馆概念的深化与功能的扩展，使博物馆由单纯的静等观众上门的参观场所，成为社区文化中心，成为介入民众现实生活的有力组织。这一理念使博物馆更加开放，也更多地参与社会发展。随着文化服务功能的逐步完善，博物馆不断超越自我，拓展文化传播的空间。今天，越来越多的博物馆积极地参与到社区文化塑造和社区环境优化的过程之中，努力使自身成为促进社区文化建设的特殊阵地和宣传社区文明成就的重要窗口。虽然社区博物馆的参观者来自不同的地域，但是事实证明，博物馆对本地观众的教育作用最为直接、最为有效。社区博物馆作为社区文化中心，要充分发挥对社区的教育作用，就必须对社区民众具有持续的吸引力，应该能够吸引社区民众持续来馆活动，使参观博物馆成为他们一种经常性的文化习惯，只有这样，社区民众才能受到持久的熏陶，才能对其审美心理产生深刻影响。这就要求社区博物馆必须采取各种措施树立自身在社区中的形象，树立自身在民众中的威信，采取各种措施满足社区民众在精神文化方面的需求，使其真正成为社区民众关注的对象，成为他们的贴心朋友。今天，社区民众需要追溯历史渊源，明确自我身份。社区博物馆要响应民众这一文化需求，为社区民众讲述身边文化遗产的故事，使他们获得和增强归属感。

H. 格林希尔（H.Greenhill）指出“我们从前（现在仍是）以建筑来想象现代博物馆，而未来的博物馆则是以过程或经验来被想象的”，“也就是说，当我们想象现代博物馆，脑海中浮现的多是雄伟如希腊罗马式的建筑物，而后博物馆则逾越博物馆之墙，融入社区的空间与关怀之中”。社区博物馆是指一个特定的文化社区，是一个没有围墙的博物馆。历史文脉是社区中最具代表性的因素，是社区文化的灵魂和根基。历史文脉在社区自然生态和文化生态的长期演变中形成与发展，代表着社区不可复制的历史，体现着其他社区难以模仿的品位。城市的自然景观、生态特色、空间布局以及建筑风格、传统民居，均是历史文脉的有形载体，与此密切相关的物质与非物质文化遗产是历史文脉最重要的体现。社区博物馆应尊重社区历史，延续社区文脉，保护由传统文化、经济社会、自然环境以及风俗习惯等因素构成的社区个性；社区博物馆应满足社区民众的生理、心理、行为、审美、文化等各方面需求，达到安全、舒适、愉悦的目的；社区博物馆应注重宜人的尺度，增强空间的亲切感和认同感；社区博物馆应考虑空间形态的多样化，满足不同阶层、年龄、职业、爱好和文化背景的参观者需求与活动规律；社区博物馆应强调参与性，环境设施不仅应具有观赏性，更应创造条件让人们参与各项活动，使审美、参与、娱乐等各项功能相互渗透与结合。

现代城市多被分为若干相对独立的区域。社区是一定区域内的社会生活共同体。社区文化则是一定区域内市民自发形成和逐步发展起来的一种共同体文化。社区文化往往是由当地居民广泛参与、形式多样、内容广泛、最为民众所喜闻乐见的文化活动。社区博物馆寻求以一种永久的方式，在一片特定的社区中，伴随着当地居民的参与，保证文化遗产保护、研究与展示的功能，强调自然与文化遗产的整体性，以展现其代表的社区环境及传承下来的生活方式。社区博物馆是向外界展示社区文化魅力的窗口，向全社会展示本社区在历史发展进程中留下的珍贵文化财富以及它们的现状，成为不同文化之间相互理解、相互尊重的重要渠道。社区博物馆是在全球化趋势下，保护与传承地域文化的一种博物馆新概念和新方法。同时，社区博物馆为其他类型的博物馆提供借鉴，使更多博物馆将服务社区作为重要职能。社区教育是社会教育的基础，是社会教育的重要组成部分。博物馆社区教育是博物馆教育系统中不可缺少的重要组成部分。今天，在不少城市，博物馆已经成为社区教育的重要机构。博物馆适应社会形势发展，将流动展览办到校园、工厂、公共场所等人群聚合较为集中的地方，深入社区基层，方便人们参观，通过加强与公众的沟通，更加广泛地发挥自身宣传教育的功能。

不断进化的博物馆文明，对营造社区文化氛围和提高社区文化底蕴有着独特而重要的作用。社区博物馆应该成为每位社区民众的“终身学校”，是“生动的百科全书”。社区博物馆可以帮助社区民众直观地认识和了解自己社区的传统文化，了解社区成长和发展的历史，使人们更加关注社区文化的发展进程。当地居民通过社区博物馆的建立，更加了解所处社区的历史沿革、自然环境、文化景观，发展成为自发的保护行动，使社区文化遗产的保护拥有更加坚实的社会基础，从而更加完整地保留历史文化街区、传统民居建筑以及各类物质与非物质文化遗产。F. 科泰（F.Cortoi）指出“博物馆，尤其是常趋向于以建筑为中心的城市博物馆，需要认识到这一点，并学会扩大城市内部的关联范围以提高运行效率，譬如，与当地社区协作，将城市的部分地区转换成活生生的博物馆，让参观者更深刻地感受其呼吸与脉动”。[①] 现在的社区已经不仅仅是生活社区，还扩展为经济社区和文化社区。这就要求博物馆的社区角色功能在时间和空间上不断延伸，以便适应文明发展的需要。博物馆要更好地参与社区建设，必须明晰其社区角色内涵，强化其社区角色定位。从博物馆与社区的关系看，博物馆应当是本社区文化及其社会生活不可或缺的组成部分，不论其规模大小，都应具备学习、娱乐、休闲的理想环境。

① 弗朗索瓦·科泰等：《博物馆：城市之脉动与激情》，载《国际博物馆》，2006（2），43 页。

六、“发展中保护”的理念

社区是一个有机的生命体。社区的演化和发展是一个生命体的成长发育和有机完善的过程。社区博物馆应面对不断变化的形势，积极开展社区研究。通过社区研究，人们可以对社会变革进行典型调查，探索社会发展的普遍规律以及共同特点。通过社区研究，人们还可以了解社区的地域特点，因地制宜地进行改革和建设。社区博物馆所研究的空间和时间要素，具有历史延续性，来自历史、经历现在、面向未来，立足于不使社区文化在某一个时刻终止或断裂。要尊重社区内在的遗传基因，顺应社区生成机理和发展规律，在改造与完善中，有机更新，有序发展，使其生态环境不断优化、服务功能日趋完备、文化韵味更加浓郁。保护文化遗产是社区建设中的重大课题。文化遗产在社区建设中散发着穿越时空的无穷魅力。社区中的物质与非物质文化遗产见证着社区的生命历程，保持和延续着社区文化，并促进城市肌体的健康发展，同时也赋予了人们真切的归宿感与认同感。精心呵护文化遗产，维系历史文脉，留住社区记忆，是人们生存发展的心理需求，也是当代人对祖先和子孙的责任。今天，社区的发展已经进入注重文化价值和文化特色的新时代。历史是城市之根，文化是城市之魂。人类理想的家园，不仅要有现代文明，还应当有历史积淀。一个有吸引力、有魅力的社区，不在于它奢华的形象，而在于它深厚的文化底蕴。

社区博物馆应主动参与社区内的各项活动，社区民众也就会主动参与社区博物馆的各项活动。社区博物馆虽然不可能解决当前社区面临的所有重大问题，但是应该成为促进社区发展而采用的一种有效手段。通过社区博物馆对社区文化的广泛覆盖和深层渗透，为实现社区的文明发展、科学发展和和谐发展服务。在城市文化建设中，社区博物馆应起到各种文化的融合和催化作用，成为促进多元文化相互理解，鼓励多元文化交流对话的重要渠道。社区博物馆应积极响应社会发展需求，努力成为社区民众实现发展的有效工具。博物馆只有深入社区、关心社区、服务社区，才能得到当地居民的信任与关注，才能获得新的发展动力。社区博物馆在发展过程中，必须高度自觉地关注当地居民的生存与发展，关注当地居民的权益与尊严，追求文明与富裕、科学与时尚、发展与和谐，营造比以往任何时候都更加充满幸福感，都更加拥有凝聚力的社区生活。社区博物馆应在与当地居民的互动中，成为社区发展的文化支点，在丰富社区民众文化生活的同时，积极发挥教育、团结、激励、凝聚、娱乐、审美等多种功能，在潜移默化中陶冶社区民众的情操，进行热爱自己所生活的城市、热爱社区、热爱自然、热爱生命的教育。

福建三坊七巷非物质文化遗产博览苑

科学技术正在日新月异地发展，社会环境正在经历着深刻的变革，这些都使得社区结构变得日益复杂。面对日益纷繁复杂的局面，社区的未来景象越来越呈现出非确定性的特征。文化遗产保护是一种文化积累，有文化积累才有社区文化有价值的发展。没有文化积累的发展只能是一种无序变化，而不是发展。反之，没有发展也就谈不上文化积累，拒绝发展的积累将意味着文化遗产的死亡。没有积累的保护，只能叫保存，保存可以发生在传统博物馆，但是不应该发生在社区博物馆。没有不需要发展的单纯的文化遗产保护，也不会有完全离开文化遗产保护的发展。社区博物馆不是要求人们完全回归传统生活方式，而是从生长的地方寻求文化的根源，思索如何面对未来，向“现有的高度物质文明，缺乏人性的生活环境挑战”。社区博物馆的根本立足点在于保护和发展社区的文化遗产，维护和提升社区的传统文化，改善和丰富社区的文化生活，使社区博物馆真正成为提高当地居民文化生活质量的理想方式。社区文化应该是每位社区成员都能够自觉认同、接受和实践的生活理念与价值标准。但是，社区文化不可能一成不变，变革与开放、多样与融合，将是新时期社区文化的特征。因此，社区博物馆必须不断调整发展策略，关注自身社会功能的发挥。

社区博物馆要适应全球化、信息化、知识经济等宏观条件对城市发展的影响，创新工作思路，适应所在地城市发展目标、发展机制和发展动力的调整，及时掌握当地居民年龄构成、文化素质、生活方式等的变化，据此制定工作目标和工作任务。同时，应根据城市化对人口、经济、文化等与社区博物馆发展密切相关因素的影响，争取政策、行政、资金、信息、培训等方面的支持，积极参与所在城市的和谐发展进程。社区博物馆对此必须做出全面反映，不仅要切实关注文物藏品的收集和文化遗产本体保护、研究，更要从博物馆展览与公众需求、博物馆活动与城市文化建设的高度进行思考，更多关注社区民众的文化生活，并利用自身优势最大限度地拓展职能。社区博物馆的实践表明，在当今的城市文化建设中，博物馆需要在一种新的、更广泛联系的框架内，重新思考自身的作用和目标。社区博物馆应帮助人们架起现实与历史之间的桥梁，发挥认识过去、把握现在、探索未来的重要作用。社区博物馆是全新的博物馆形态，没有围墙、没有边界，表达一种思维方法和行为方式，不断地延伸自己的特色和个性，不断地衍生出新的功能和新的职能，不断地为社区民众带来新的感受和新的惊喜。社区博物馆的构建使社区变成生动的舞台，提高社区文化空间的可读性，强化社区民众与生活环境之间的情感联系。

七、“可持续保护”的理念

当前，我国绝大多数城市的建设模式，都演变为一种持续的城市扩张，城市建设高速蔓延，不断侵占美丽的乡村和宝贵的农田。然而，现在一些发达国家，在经历了城市扩张所带来的种种弊端之后，开始反思发展思路，倡导重塑人文尺度的社区生活和追求精明成长的城市发展模式，值得深入思考和借鉴。文化生态和自然生态构成一个社区赖以存在的基石，应该把文化生态看得和自然生态一样重要。社区博物馆概念的提出和实践上的推进，是人们文化与自然遗产保护意识觉醒的产物。社区博物馆是为社区民众追溯历史、驾驭现实和创造未来服务的特殊形式的博物馆，可以使当地居民在充分参与过程中，揭示和肯定自己的潜力和方向，提高促进经济社会发展的能力和水平。社区博物馆的展示模式也将使参观者受到印象更加深刻的历史、环境、文化和科学教育，分享交流的乐趣，真正体验现代博物馆的服务宗旨。如果说改善自然生态是致力于构建环境友好型的社区，那么改善文化生态则是致力于构建人文关怀型的社区，建设一个环境友好型与人文关怀型相统一的人居社区，才是正确的社区现代化之路。社区博物馆的概念只是一种理论框架，在实践中社区博物馆根植于不同社区的实际，没有固定模式，因地制宜、各具特色、千姿百态。

在当前社会转型时期，传统文化与现代文化的交融，本土文化与外来文化的冲突，使地域文化、民族文化呈现出异常复杂的局面，这就使我国的博物馆建设担负着保护文化多样性的重任。因此，突破目前博物馆的实践范围，从更广泛的领域，选择有代表性的不同地区、不同要素，作为实施社区博物馆理念的扩展就十分关键。社区博物馆是博物馆理念与工具的一个飞跃式的发展。而且可以预见，随着社会财富的积累，物质消费对于生活必需所占比例的不断降低，科学观念的深入普及以及社会的进步，人类生活社区的博物馆化将不可避免，人类也将有能力更加生态地、持续地处理所生活社区的自然环境与文化成就之间的关系。一个良好的社区，不仅需要居住环境的硬件配套设施建设，还要更加重视居住社区的睦邻关系、文化氛围和健康快乐、安定舒适的可持续生活方式，倡导以人为本的思想理念。社区博物馆所发挥出的强大社会作用，使其被视为城市文明塑造的重要参与者，使其被视为可持续发展的文化要素。在此背景下，社区博物馆应不断适应城市生活变迁，正确认识自身特点、优势及其局限，客观评估生存和发展条件，以创新和包容的态度平和地对待自身实践，这样社区博物馆才可能继续蓬勃发展。

今天，社区既是博物馆的工作背景，又是博物馆工作的对象和确定工作目标的重要参数。博物馆作为社会教育机构，负有促进社区文化环境发展的使命。社区是社会的基本组成单位，而家庭则是社会的细胞，社区面向的是以家庭为单位的社会群体。在生活水平日益提高的同时，人们更加强烈地关注高尚的精神文化追求。博物馆应该融入社会整体环境的结构之中，服务于社会变革和发展。实践证明，社区博物馆可以将对于经济、政治、社会、文化的考量，引入文化遗产保护研究，将博物馆研究回归时间现场、生活现场，集中展示国泰民安、自然清新、古朴典雅、现代和谐的生态文化。同时，社区博物馆本身具有无可比拟的优势，不断推出陈列展览，丰富民众生活，繁荣社区文化，促进人们文化素质的提高。通过社区博物馆的各项文化活动，社区民众的文化意识、美学理念不断得到满足，从而契合和提升人们的文化需求，帮助人们扩展文化知识，完善精神品格。社区博物馆应将社会教育功能延伸到社区，使宣传和展览能够真正走进社区，让社区民众更多地熟悉博物馆文化，享受博物馆文化。社区博物馆应经常性地深入街巷、单位、学校以及居民家庭访问，采用发放社区民众调查问卷、提供咨询服务等方式开展调查，了解社区民众需要。

城市不断发展变化，生活在传统社区里的民众也是现代社会的一员，他们的生活质量与城市现代化密切相关，单纯地要求社区民众在快速发展的今天，依然过着与传统物质环境相一致的生活方式，放弃不断改善生活质量的愿望，是不公平的，也不能实现传统社区保护与发展的目的。因此，不论采取何种方式进行传统社区文化遗产的保护，都不能忽略生活在其中的社区民众的实际利益。社区博物馆不仅代表着社区文明的进步程度，也反映着社区文化的发展历程。英国政府认为可持续社区“是指人们愿意现在和未来生活和工作的地方，它能够满足现有和未来居民各种各样的需求，对环境的变化敏感，能够为居民提供高质量的生活。它们安全、设施齐全、规划良好、运转正常，并且可以为所有居民提供平等的竞争机会和良好的服务”。“可持续社区议程”在英国影响着社区规划和未来发展，已经成为一个突出的政策主题，与之相关的还有英国博物馆的国家战略性主体，包括博物馆、图书馆和档案馆的重建。英国的博物馆发挥着强大的社会作用，因此它早已成为可持续社区的中流砥柱。可持续社区的宽泛概念和框架，为理解和宣传博物馆对社会的贡献提供了崭新的语境。同样，也为博物馆与城市发展之间更为正式的联系提供了新途径。[①]

① 邓肯·格鲁考克:《城市博物馆和城市未来：城市规划的新思路与城市博物馆的机遇》，载《国际博物馆》，2006（2），32页。

社区博物馆的社会职能初探[1]

（2011 年 2 月 26 日）

在全球一体化的时代，任何民族立足于自己的经济实力，更立足于自己的独特文化中。中华文化的多样性，决定了我国博物馆的丰富多彩。作为博物馆的一个重要类别，社区博物馆不可能替代其他类型的博物馆。但是必须承认，随着社区博物馆迈出坚实的步伐，它必将成为我国博物馆大家庭中的一支重要力量。随着新时期博物馆事业的发展，对于博物馆服务于社区的责任与使命，将不断提出新的要求，社区博物馆也将不断面临新的机遇和挑战。

一、传承社区的集体记忆

社区博物馆理论使博物馆功能和作用发生革命性变化。博物馆已经不是仅仅依靠文物藏品来教育观众，而是以实际行动回答人们的现实问题，提高人们的生活质量。社区博物馆的理想是使社区民众生活在一个和谐、宁静、优美、舒适、方便的社会环境之中，也就是使每一个人都生活在幸福和快乐之中。社区博物馆将文化活动整合于社区生活之中，并通过鼓励多样化的交流模式，使自身在社区生活的不断进步中得以发展。随着学习时代的来临，将终生学习包括在社区文化的发展中，使人们通过参与博物馆活动获得知识变

---

① 此文发表于《建筑与文化》2011 年第 2 期，第 6 页，2011 年 2 月 26 日出版。

得更加重要。社区博物馆为当地居民提供了学习和把他们的知识传递给下一代的机会，努力培养出能够对社区文化负责任的新一代居民。社区博物馆应该拥有详细记录社区情况的“资料信息中心”，其主要功能为储存和研究社区文化的相关信息。例如录音记录下的口碑历史、各类文献中的文字资料、具有特殊意义的实物标本、文化遗产资源的普查清单以及其他属于社区文化的物质与非物质遗产。资料信息中心不仅为社区民众保护身边的文化遗产提供广博的知识资源，而且为外来的参观者和研究者提供有关社区文化遗产的珍贵信息。同时，“资料信息中心”利用小型的陈列展览向参观者介绍近期社区博物馆活动情况；为专职工作人员或志愿者提供必要的工作设施；作为社区服务场所，为来访者提供餐饮、会议室等服务。

美国哲学家 R.W. 爱默生（R.W.Emerson）曾经说过，城市“是靠记忆而存在的”。[①] 位于英国伦敦的“岁月流转回忆中心”，就是为了透过回忆疗法，保存年长居民对于社区历史和个人经历的回忆，而设立的小型社区博物馆。“在社区博物馆中，‘公众记忆’是一切工作的基础，社区博物馆依赖它而存在，它是一笔必要的、巨大的、活的遗产。”[②] 作为一座拥有 2300 多年历史的文化名城，成都拥有深厚的历史底蕴和文化内涵。成都市提出通过实施“城市记忆工程”，制定《成都市城市记忆保护规划》，将那些浸透着成都历史内涵的老建筑、老街道、老地名等历史文脉保护留存下来，恢复历史名城的青春活力。首先，开展历史档案资料的征集，向社会广泛征集与成都“城市记忆”有关的文字、图表、声像等历史资料，以丰富城市

① 刘易斯·芒福德：《城市发展史——起源、演变和前景》，宋俊岭、倪文彦译，105 页，北京，中国建筑工业出版社，2005。

② 安来顺：《生态博物馆在民族文化遗产保护与利用中的理论和实践价值》，见《2006·中国昆明亚洲博物馆馆长和人类学家论坛文集》，155 页。

记忆工程。其次，建立“成都城市记忆工程名录”。在普查市、区文化遗产资源的基础上，将具有突出价值和地域特色的老街区、老民居、老建筑、文物古迹、园林胜景、历史纪念地及名厂、名店、名校等造册登记，建立起“成都城市记忆工程数据库”。第三，抢救拍摄城市现状影像，对城区历史街区现状进行抢救性拍摄，建立起城区历史旧貌照片、录像档案，梳理出《成都市城市老建筑名录大全》，凡是进入《大全》的历史建筑不得擅自拆建[①]。

美国华盛顿乔治城老房子博物馆

社区经历漫长的岁月逐步发展而成，正如生命体的发展离不开遗传基因的传递，社区的发展也离不开自身的文化传统。社区民众对于文化传统的眷念，是经年累月由时光和生命交织的情感，并融

① 刘桢贵:《四川省成都市：实施城市记忆工程 传承历史文脉》，载《城乡建设》，2008(6)，37页。

入社区民众的血液，成为遗传基因，世世代代传递下去。笔者童年、少年和青年的大部分时间，在北京的胡同、四合院里度过，那些温馨时光是值得珍藏终生的美好记忆。胡同、四合院以清晰的街巷肌理平面布局，有序伸展开来，构成历史城区平缓开阔、方正规整的空间形象。街道、胡同、院落、房屋形成公共空间、半公共空间、半私有空间、私有空间的清晰序列。四合院由于庭院的存在，在户内引进自然景观，可以随时感受大自然的风霜雨雪，实现人与自然的信息交换。“那四合院不仅仅是旧时的王府官邸，也不仅仅是前出廊后出厦或进出两院有影壁游廊垂花门外带耳房的标准四合院，却一定是青砖灰檐鱼鳞瓦、天棚鱼缸石榴树的四合院。有了这样的四合院，胡同才有了依托和层次，整个城市才有了人气儿，才会有洁白的鸽儿响起清脆的鸽哨飞起飞落，在灰瓦与红墙交织的上空，构成属于北京城一幅独有的画面。才爱登上景山顶，看那起伏而又错落有致的北京城的轮廓线”。李兆汝先生在谈到北京四合院时情真意切，“我确实感觉到它接地气，有一种脚踏实地的感觉，一树一草、一花一木似乎都有灵性，让你可以真切地感觉一年四季的自然轮回”[①]。

历史文化街区依托城市整体环境而存在，既要保持她独具一格的历史魅力，又要激活她在现代城市发展中的文化生机。社区博物馆所涉及的不仅仅是保留过去历史的痕迹，而且也涉及展现今日社区文化的面貌。博物馆文化必须融合到社区经济社会发展的大环境之中，以巩固和发展在社区发展战略中的地位。美国艺术人类学家R. 雷顿（R.Layton）在《艺术人类学》中认为：“那些小规模社会中

① 李兆汝：《“七号院”四合院修缮的“商业蓝本”？》，载《中国建设报》，2008-12-09（2）。

所包含的艺术起源以及早期发展元素在现代文化中仍可以看到。”①当地居民是社区的主体，是社区文明的创造者、实践者和受益者，社区的发展不能忽视当地居民的需求。尊重民众，才能尊重民众创造的文化遗存；尊重民众，才能尊重民众创造的生存环境；尊重民众，才能尊重民众创造的文化特色。一个真正拥有活力的社区，应该给予人们鲜活的印象和记忆，但是在轰轰烈烈的城市开发中，人们在追求和享受现代物质文明的同时，往往忽视心理和情感上的归宿和认同，缺少对精神世界的考虑，缺少对社区民众生活需求更多的关心。技术现代化导致城市建设可以不注重社区特有的文化面貌、自然环境，盲目开发、盲目引进、盲目模仿其他城市的外表，从而导致社区文化特征的丧失，所形成的“千城一面”城市景观，正在消解着社区文化的集体记忆。

对于社区民众，社区博物馆的建立可以促使他们对所处的自然环境、人文环境的理解和尊重，并进行自发保护，从而完整地保留社区的自然风貌、文化遗存、生存智慧、风俗习惯等。虽然全世界都知道胡同、四合院是北京文化的标志，但是如果不加以妥善保护，若干年后，什么是胡同、四合院，胡同、四合院中的生活如何，恐怕没有多少人能够回答得出。事实上，今天居住在北京历史城区中的大部分居民，已经无法体验真实的胡同居住方式，感知真正的四合院生活，从而也无法与胡同、四合院建立起犹如血脉般的亲密感情。然而，当成片的历史街区从城市的版图上消失后，人们才感受到，消失的不仅是胡同、四合院，而是世世代代社区民众的人文传统和生活模式。“不知从什么时候起，怀旧情绪开始在社会上蔓延。

① 彭兆荣：《“第四世界”的文化遗产：一个艺术人类学的视野》，见《中国昆明亚洲博物馆馆长和人类学家论坛文集》，246页，2006。

既然在四合院里生活有诸多的不便和不爽，可如今住在冬有暖气，夏有空调，不出家门就能如厕洗澡的干净楼房里的人们，怎么反倒留恋怀念起‘苦日子’来了呢？人们在饿肚子的时候是不大会想到营养的，天天大鱼大肉，难免就想吃些粗粮，在物质生活相对满足的今天，人们开始追念起那些普通平常但已经找不回的日子。有关四合院里生活的回忆当然不乏温馨和乐趣，不然人们怎么能够一味沉湎于过去”。[①]

东花市社区博物馆是北京首个社区博物馆。早在清代康乾盛世时期，花市就是著名的手工艺品制作与销售集散地，手工业的“五行八作”十分发达。目前花市地区仍然生活着不少优秀的民间艺人。然而随着生活方式的变迁，一些手工艺品和民间艺人逐渐谈出了人们的视线，有的甚至已经艺绝人亡。2008 年，东花市社区建起 3000 余平方米的社区博物馆。东花市社区博物馆强调地域文化特点，收藏有数百件老北京民间手工艺品。馆舍包括综合展厅和绢花、绒鸟、料器、葡萄常等特色展厅，还设立了绢花、插花工作室，以高度凝练的形式，集中了东花市社区的文化资源和创作精华。社区博物馆的设立，还为学习传统技艺和展示民俗作品搭建起了平台，社区民众可以在这里学习传统工艺制作，在这里与历史对话，与文明携手。此前，东花市社区曾组织下岗职工、残疾人和感兴趣的社区民众学习绢花制作，但是没有合适的场所，培训条件十分艰苦。如今，社区博物馆成为当地居民学习传统技艺的工作室，担负起守护和传承社区民间非物质文化遗产的重任。“在以前，很少有人会想到用一家博物馆把一个地区的民间艺人聚在一起，并展示给大家。从这家博物馆敞开大门的那天起，我们已经走出了继承传统并还艺于民的第

① 陈永领：《精神四合院》，载《北京晚报》，2008-02-24（25）。

一步。”①

东花市社区博物馆

在美国，一些城市采取以社区为基础的教育方法，以此引起人们对社区问题的关注。下东区是美国最著名的移民区域之一。在历史上曾经是欧洲移民的家园。1830—1930年，几乎每一位来到纽约的移民，至少在一段时间内都住在下东区社区的廉租公寓楼内。新移民们之所以被吸引到这里，是因为他们承租公寓住所的能力有限，而这里是人们能够负担得起的城市住房选择之一。如今，下东区社区主要是流动人口中劳动阶层的聚居地，居住着来自中国、多米尼加、波多黎各等国家的移民。然而，下东区社区的魅力在于它能够超越国家、语言、宗教信仰，把人们联系在一起，使这些廉租公寓楼成为一代又一代移民的共同经历。“现在，世界范围内越来越多的国家正在目睹着空前规模的移民大潮涌入到它们的城市中来，如

① 祁梦竹：《崇文兴起社区博物馆群落》，载《北京日报》，2010-04-16（8）。

何应对这个问题深深地困扰着它们。因此，下东区作为首批面临这种大规模移民注入的地区之一，它的故事就有了全球范畴内的重要意义”。下东区社区决定从一个典型的地点开始发掘移民故事，这就是坐落在下东区中心果园大街97号的廉租公寓。这是一座建造于1863年的五层复合式住宅，也是在1964—1935年，大约7000名移民居住过的家园。此后，这座廉租公寓关闭，长期无人入住，直到廉租公寓博物馆获得了它的使用权。

成立于1988年的下东区廉租公寓博物馆，是一座实行以社区为基础的教育机构，鼓励不同背景的社区民众参与其中，就社区存在的问题进行对话。特别是通过介绍下东区社区的移民文化，解释居住在此的流动工人经历，以增加人们的宽容态度，改变对下东区社区的传统观念。下东区是现代服装产业的诞生地，今天这里仍然有相当数量的服装商号，而其中一些被视为“血汗工厂”。廉租公寓博物馆的主题之一是“在服装产业的移民”。时至今日，廉租公寓博物馆已经确认1700个左右曾经居住在这所公寓大楼内的住户，而且重新维修了一些移民家庭的旧居，这些移民来自不同的国家，拥有不同的背景，属于不同的阶层，有着不同的经历。试图通过典型家庭的视角，对老移民经历和新移民经历进行比较；通过由专人向参观者讲述这些家庭的故事，试图涉及一些存在久远的社会问题；通过陈列展览，听取录音等方式，了解业主、生产者、顾客和管理者等对下东区社区的不同看法；通过一边讲解一边提问的方式，使参观者根据已有的知识、信仰和观念来回答一系列问题；通过提供公共论坛，让参观者进行交流与思考。廉租公寓博物馆鼓励社区民众在自己生活的社区里，加入到各项活动和讨论中来，分享不同的观点，讨论不同的经历，探究解决社区存在问题的方法和措施，批判性地审视复杂的社会问题，用积极的方法来解决社会问题[①]。

20世纪80年代，改革开放启动了中国经济快速发展的车轮，深圳市是改革开放的前沿阵地，也是产生外来劳务工最早和最多的城市之一。截至2007年年底，深圳市有800多万外来劳务工。一批又一批劳务工汇集在深圳这片热土上，开始了充满理想主义精神的打工生活，同时也在铸造着现代文明[②]。为了展现这一特殊文化现象，铭记劳务工所做出的历史性贡献，表示对城市开拓者的铭记与尊重，2008年，深圳市和宝安区政府，依托成立于1978年12月的深圳第一家“三来一补”企业石岩上屋怡高电冶厂旧址，建立起全国第一家展示劳务工历史的博物馆，即“深圳（保安）劳务工博物馆”。博物馆征集收藏了企业创办时期的原始文件以及有关中国第一批劳务工的珍贵史料、实物[③]。目前博物馆已征集到各类文物2000多件。今天的实物就是明天的历史。随着社会的发展，劳务工在未来的某一天必将成为历史，先见性地保护和征集劳务工文化史料、史物，筹建劳务工博物馆，征集、收藏并展示劳务工群体各类工作及生活见证物，全方位、多角度反映劳务工生存状况及贡献，承担并组织劳务工课题研究，对劳务工现象及其社会问题进行深入细致的分析，有着重要的历史意义和现实意义。同时，修建一座纪念劳务工的博物馆，通过重温劳务工当初的奋斗足迹，让后人铭记他们的一切，不仅是记忆，更是一种历

① 玛吉·鲁塞尔－恰尔迪：《城市环境中以地区为基础的教育》，载《国际博物馆》，2006（2），71页。

② 杨洪海：《“劳务工”——让历史铭记他们》，载《中国文物报》，2008-04-25（8）。

③ 孙明：《劳务工文物的征集》，载《中国文物报》，2008-04-25（8）。

史责任[①]。

二、挖掘社区的文化资源

我国社区博物馆的发展虽然尚处于探索阶段，但是近年来各地发展社区博物馆的积极性持续高涨。由此可以看出，社区博物馆的发展，有着宏阔的社会背景和积极的时代意义。社区博物馆是社区发展的重要文化力量。随着生产力水平的提高，人们的世界观、价值观、道德观必然逐渐改变，对社区民众的现代教育，是社区发展的需要，也是社区博物馆发展的需要。

在欧洲的历史街区中，当地居民并不以社区形象不够现代而不安，而是以保持传统生活而自豪。为了妥善保留城市发展的脉络和原貌，在柏林市的历届政府里都保留有一份历史遗迹的清单，根据这份清单，城市中相当完整地保存了许多80~100年的历史建筑，任何公司或个人只有对这些建筑内部进行改造的权利，而不能擅自对历史建筑的外观进行改造。同时，柏林市对城市文化和文化遗产保护持有宽容的态度。由于历史的原因，柏林的东西部分分隔了50年，原东柏林和西柏林早已按照自己的城市规划思路建造了各自风格迥异的城市建筑。东柏林保留了大量“火柴盒”般的东德时期建筑，尽管这些建筑与西柏林古典优雅的建筑风格并不协调，但是柏林市认为“保留100年来城市发展的脉络和原貌，尽管这可能在风格上有点冲突，但不要紧，这也是历史的一部分”[②]。

社区形象是自身所蕴含的历史文化积淀的客观反映，而非矫揉造作在短期内即可以造就出来，随着历史的推进，社区形象在历史

① 庄礼幸，李瑞娜：《深圳建成首个劳务工历史博物馆》，载《中国文化报》，2008-03-30（3）。
② 严葭淇：《理想城市什么样》，载《中国文化报》，2008-11-04（8）。

文化不断积累的过程中逐渐显现出来。L. 芒福德（L.Mumford）在《城市发展史》中采用了我国宋代《清明上河图》的景观图片，他认为这幅画充满生活气息，“所显示的那种质量：各种各样的景观，各种各样的职业，各种各样的文化活动，各种各样的人物的特有属性——所有这些能组成无穷的组合、排列和变化。”从人性与自然的回归意义上，我国传统城市的某些文化特质，值得今天的城市建设所汲取或传承。张鸿雁教授认为，“历史的载体不是在教科书中，而是在有质感、有形体、有生命痕迹的社区里。不同的社区面貌、街道景观，是人们区别、认识不同社区形象最直接的途径。一个社区尤其要注意保护建筑文脉延续中的标志性建筑。因为建筑遗产有多方面价值，如历史价值、科学价值、文化价值、实用价值和情感价值。特别是情感价值的作用，它主要包括文化认同心理、历史延续感、国家责任感、精神象征感、意识凝聚力、宗教崇拜等，核心是‘文化认同’。也就是说，社区建筑环境与民众的社会生活密切相关，在城市物质与社会环境中不时地传递着审美信息，影响着人们的精神气质和审美情操”[①]。

我国历史性城市的社区，大都不缺少历史，不缺少文化，然而真正缺少的是对历史的挖掘，对文化的唤醒。由于每个社区所在不同城市以及位于城市中不同位置，因此所发挥过的历史作用以及正在发挥着的现实作用不同。一些过去曾经精英荟萃、影响深远的社区，现在看来平淡无奇，然而随着时代的发展，其文化价值逐渐凸现。

例如在北京的菜市口社区，总面积 44 公顷的范围内有胡同街

① 张鸿雁：《城市形象与城市文化资本论——中外城市形象比较的社会学研究》，137 页，南京，东南大学出版社，2002。

巷 32 条。在明代永乐以来的 600 年间，先后云集了近 500 座会馆。当年参与编纂《四库全书》的 4200 多位清代文人曾多在此地的会馆居住，遗留至今的名人故居就有 69 座。在天津的五大道社区，有着英、法、意、德、西班牙等各国风貌建筑 230 多幢，名人名宅 50 余座。在当时动荡的社会背景下，这些显赫一时的住户希图安逸，不事张扬，房屋大多不超过三层，实体院墙，隔院临街，繁茂的花木掩住门窗，深邃、幽静的私密性氛围，构成五大道社区的文化特色。在南京的颐和路社区，20 世纪 20 至 40 年代，先后建造了约 1700 座花园式住宅，总面积 69 万平方米，平均每户达 400 平方米，千姿百态的花园式楼房，成为社区民众传统生活方式的集中体现。在厦门的鼓浪屿社区，近代建筑群由美国领事馆旧址、汇丰公馆旧址、亦足山庄、寂庄花园等 19 处共 28 栋保护建筑组成，范围涵盖全岛，形成鼓浪屿的特色文化景观。

海南，从唐宋时代起与南洋就有交通贸易往来。由于频繁的商业活动和航海运输业的不断发展，海口民众不再满足于原地经营，纷纷走向更远的世界。20 世纪 20 年代，海南热情邀请海外华侨回乡投资兴业。于是一批批琼籍归国华侨，或衣锦荣归，或落叶归根，纷纷在海口建基立业。他们效仿南洋建筑风格特色，建成一幢幢骑楼式建筑，用于商用和居住，家家户户所建骑楼式建筑逐渐连接形成街道，成为“公共走廊”，一条条骑楼街道又构成大片繁华的骑楼街区。据《海口文史资料》载：“仅二年，争相修建有骑楼的新式楼房计 800 多幢，使海口面貌焕然一新。”一幢幢饱含岁月沧桑的骑楼，镌刻着百年以来的文化印迹，串联起海口变迁的历史，是海外华侨集体记忆的共同载体，凝聚着社区民众的思想和情感，向人们展示出海口民众善良、坚韧、执着的精神和气质，这种精神带有博大和宽阔，这种气质充满传奇和神秘。海口骑楼老街，是现今国内骑楼建筑保留规模最大、保存基本完好、极富中西特色的历史文化街区。今天，骑楼老街被命名为“中国历史文化名街”受到保护而免于拆毁，对海口来说是城市中心区最后保留下来的具有文化意义的传统商业空间，是海口市民共同拥有的引以为自豪的文化财富，今后也必将成为海口城市建设的重要文化地标[①]。

海南海口骑楼街区

今天的城市建设，不应该仅仅是追求物质利益空间的过程，更重要的是构筑温馨包容的社会文化载体。在漫长发展过程中，所形成的社区文化特征弥足珍贵，应该得到妥善保留，因为这些社区是现代人理解城市精神和寻找归属感的源泉。仅从短期经济发展的角度衡量，在寸土寸金的新加坡，建造高楼大厦远比保留传统社区的低矮房屋更具经济效益。但是，传统社区所蕴藏的珍贵回忆和共同

① 张丽珍，李先军：《保护城市的历史记忆》，载《中国建设报》，2009-12-15（3）。

情感，却是建构一个国民归属感的必要条件，一旦失去将无法取代。只有保留传统社区的街巷肌理、商业氛围以及社区民众交往空间等，才能使社区文化的延续和发展成为可能。新加坡政府将这一思想作为社区文化保护的基本策略。新加坡河北岸的克拉码头曾是造船与修船中心，密集分布着低矮的货仓和店铺，1983 年货运驳船迁离新加坡河后，良好的地理区位条件，使克拉码头周边迅速高楼林立，对于市中心滨河沿岸所留存的历史建筑，新加坡政府并没有将其拆除，重建更具经济价值的商务办公设施，而是将这里的数十座货仓和店铺，保护性再利用为独具特色的餐馆和酒吧，如今，克拉码头成为附近金融区职员和国外游客最爱光顾的休闲去处，成为该社区的重要文化特征。实践证明，重新认识与全面发掘传统社区独有的特征与个性，并予以强化，可以为将来的谨慎发展提供指引。非物质文化遗产虽然是无形的，但却是客观存在，同样占有着一定的文化空间。它们以口述、表演、技艺、文字等形式存在，除音乐、戏剧、绘画、书法等内容外，还有各类文化活动等。

近年来首都博物馆推陈出新，不仅仅停留在对古代文物的重视上，也开始记录北京近现代城市发展进程，例如声音的收集与展示，成为一个新的研究课题和工作方向。首都博物馆特别录制、采集了一些能够代表老北京文化、极具北京特色的声音，并且对这些为人们熟知和喜爱的声音进行了整理，按照“胡同的一天”“四季的声音”等主题进行展示，使参观者在博物馆的环境中，不仅可以观赏历史，还能够倾听历史。走在首都博物馆地下一层的展示空间，耳边时而传来老北京的特色声音，例如有轨电车的汽笛声，走街串巷商贩的吆喝声，邻里街坊的寒暄问候声，用丰富多彩的声音，展现出北京城市的风貌和日新月异的变迁。同时，选取了一些声音在民俗展厅中展示，使观众仿佛置身于老北京的大街小巷，耳边不时传来胡同中的鸽哨、磨剪子的吆喝声、各种货摊的叫卖声，无形中渲染了展厅的气氛。这一保护声音资源的尝试，也是对非物质文化遗产的保护。

现代社区文化具有非常丰富的内容，包括历史、艺术、教育、科技以及市民文化素质，其中文化遗产资源是一个社区最宝贵、最独特的文化优势。作为一种难以复制的稀缺资源，文化遗产为社区文化的繁荣发展提供了永不枯竭的艺术养分。张颐武先生对社区文化进行过仔细观察，对街头文化有着深刻理解，“街头是城市的血脉，都市的文化正在街头展开，许许多多的生活故事和生命的旅程也在街头发生”。“现在有三股力量在街头存在。一股是以老人和城市的本地居民为中心的，以秧歌、京剧形式的将传统的民间艺术转化为街头文化的‘老式’街头活动。一股是以都市年轻人为中心的街舞、滑板等等具有青少年青春气息和时尚文化特点的街头文化，它们往往有点反叛正统的特色。另一股则是以安静的街边的星巴克等为特色，以白领和自由职业的中等收入者为消费群体，以‘咖啡’为中心的观看式的街头文化。三股力量一方面是平行线般地互不相扰，另一方面却也难免相互竞逐优势”。“城市不可能绝对光洁和绝对平滑，它需要有一些褶皱，需要有一些本地特色和本地的情怀”[①]。今天，人们需要在城市中、在社区里感受更多文化活力，体验更多真实情感。城市文化属于广大市民，社区文化属于当地居民，对于人们的多样性需求，应给予更多的宽容和理解。人们不仅仅需要充满现代感的城市氛围，也需要来自社区民众文化生活的特色展现。

澳门从明朝中叶开始直到鸦片战争，是南中国最重要的对外开

① 张颐武：《街头情怀是城市的窗口》，载《解放日报》，2007-04-10（13）。

放港口之一，是西学东渐、东学西传的主要桥梁，亲临其境地见证了东西方文化长达4个多世纪交汇融合的历史。这段漫长的历史与不凡的经历，使澳门积淀了深厚的文化底蕴。“澳门历史城区”方圆仅1平方公里，以旧城为中心，通过相邻的广场和街道，串联起24处历史建筑群，成为我国境内现存历史最古老、保存最完整、布局最集中的中西特色建筑共存的历史城区。更为重要的是，这个华人与葡萄牙人在历史进程中合力营造的独特生活社区，栩栩如生地证明了不同宗教、不同文化、不同生活习俗可以兼容并包，实现相互尊重、和睦相处、平和交融，和谐并进，铸造出澳门别具一格的人文景观，也使澳门传统社区成为一座活生生的人文博物馆，成为人类社会发展史上具有典范意义的文化社区[①]。“这里，不仅有奢华亮丽的赌场酒店，更有古朴迷人的市井小巷；不仅有霓虹闪烁的都市情调，更有朴实无华的乡土气息；不仅有玩乐冒险的世俗生活，更有深沉动容的历史韵味；不仅是颇具声名的东方拉斯维加斯，更是中西荟萃的文化古城”[②]。经过多年的科学保护和合理利用，澳门历史城区所蕴藏的文化积淀和内涵得以揭示和弘扬。2005年，“澳门历史城区”被列入《世界遗产名录》，成为人类文明共同的宝贵财富。

中英街位于深圳盐田区沙头角镇内，呈东北至西南走向，全长250米，宽3～4米，街心以八块界碑石为界，西侧为香港，东侧为深圳。1898年中英签署《中英展拓香港界址专条》，英国殖民者强行租借九龙半岛北部及附近岛屿，将桐芜墟西侧的小河化为“界河”，树立界石，后因河道干涸形成街道。人们在界碑两侧填土整

① 徐超:《成功申遗五周年 澳门世遗保护再上台阶》,载《中国文化报》,2010-07-17(2)。
② 吴志良：《品味另一个澳门》，载《人民日报》，2009-12-19（8）。

澳门澳门历史城区

基，盖起房屋发展商业。至 20 世纪 30 年代，这里已是商号林立，成为沙头角最繁荣的一条街道，街内杂货布匹、油盐柴米、山货药材、店铺客栈等门类齐全。由于英国殖民者在九龙关设立税收关厂、缉私关厂，两地民众只能通过关卡互相往来。改革开放后，“一街两制”的中英街成为举国闻名的购物天堂。1997 年 7 月 1 日，中国政府收回香港，中英街又成为“一国两制”的历史见证。今天，这条街道无声地述说着一百年来的坎坷历程。中英街及界碑，既是 19 世纪末我国贫穷落后、清王朝腐朽没落的历史见证；又是帝国主义疯狂侵略、瓜分我国的历史见证；还是我国改革开放、走向繁荣富强的历史见证。如今又见证了香港回归祖国并实行“一国两制”后的可喜变化，成为向广大民众进行爱国主义教育的生动教材。延续中英街及界碑的故事，并妥善加以保护，具有重要的历史和现实意义[①]。

香港中英街历史博物馆

三、守护社区的文化特色

社区是繁荣的结晶、文明的标志，社区的发展离不开文化的影响。传统社区从诞生开始，它的每一块砖、每一片瓦、每一座院落、每一条街巷，都见证着社区的兴衰，都与特定的文化有着密切的关系。社区的建筑形式、景观特色均是文化品位的反映，社区民众的生活和生产方式也都带有文化的烙印。形神兼备是文化社区的重要特征。所谓形，就是社区的建筑、街道、景观，表现为社区外在的风貌气度；所谓神，就是社区历史和现实的文化内涵，凸现社区独有的内在品格和气质。一个社区只有形神兼备，才能保持永不衰竭

① 单霁翔：《文化遗产保护与城市文化建设》，205 页，北京，中国建筑工业出版社，2008。

的文化魅力。优美、和谐、安宁的环境不仅可以增加社区的吸引力，也是社区可持续发展的需要。社区文化一经形成，就会渗透到社区民众生活的方方面面，对社区的发展产生巨大的引领作用。

但是，今天社区的生活空间被高层建筑物和大体量建筑群挤得七零八落，原本自然和谐的文化空间被排斥在社区生活之外。“任何社区一旦失去了文化的渗透与滋润，就会无一例外地陷于干瘪或沦为低俗，甚至会发生畸变和走向衰微”[①]。社区环境的急剧变迁，使传统文化气息在不断变宽的道路中，在不断变高的楼房中逐渐消失。这一切都表明，目前社区正处在一个特殊的结构性变迁时期，如果不能及时加以应对，社区文化将发生异化与衰落。

怀特（White）曾经指出“街道是留下记忆的空间”，历史街区往往体现出一座城市的经济、政治、文化和社会状况以及社区居民的生活习俗。随着博物馆事业的发展，欧洲一些城市已将博物馆概念扩展到整个街区乃至整座城市。无论是法国的阿维尼翁、意大利的威尼斯、希腊的雅典、捷克的布拉格，还是俄罗斯的圣彼得堡、葡萄牙的里斯本、西班牙的马德里、德国的德累斯顿，这些城市都堪称是一座“露天博物馆”。“一座城市本身可以是一个大的教育载体。城市充满了智慧和冒险，并处在不断演进之中”[②]。

在巴塞罗那，圣家族教堂和高迪建筑作品是最著名的。今天，无论站在巴塞罗那的任何角落，几乎都能看到圣家族教堂的尖塔。这座从 1882 年就开始动工的教堂，到目前只完成了工程量的一半。但是尽管如此，它还是为城市带来了一份震撼人心的力量。同样，巴塞罗那被称为“高迪之城”。高迪成长于巴塞罗那，并将全部智慧

① 申维辰：《用先进文化引领城市和谐发展》，载《人民日报》，2007-08-09（9）。
② 海伦娜·弗里曼：《没有围墙的博物馆》，载《国际博物馆》，2006（2），55 页。

献给了这座城市。高迪作品的一个显著特点就是无论外表还是内部，都大量地使用了曲线，桂尔公园、米拉之家、巴特约之家无不如此，

巴塞罗那圣家族教堂

同时，壳体、浪花、骨架、熔岩、翅膀及花瓣，这些建筑的每一处细节都表达出对自然的回归。这些杰出的文化创造，使巴塞罗那呈现出斑斓而活泼的文化景观[①]。

当前，一些城市社区正在经历史无前例的大规模改造。与以往正常的有机更新相比，这一时期的社区改造，无论在目标定位、运作方式方面，还是在改造规模、实施速度方面，都发生了激烈变化，导致社区空间结构在较短的时间内，出现重大调整，甚至引发社区结构性衰退和功能性衰退。冯骥才先生指出“报上常常见到一句话，便是要城市‘高起来，亮起来，洋起来’。这‘高、亮、洋’三个字都很值得推敲。以高楼大厦和灯火辉煌视为现代化城市的标准，恐怕多半来自于对纽约与芝加哥的印象；这只是一种肤浅的感官印象，一种对现代都市的非理性的误解”[②]。大规模改造对社区原有的街巷肌理产生巨大冲击，致使社区文化和文化遗产保护，变得错综复杂和日益严峻。特别需要关注的是，各地曾经千差万别的文化景观，正在变成同一张面孔。同时，随着西方文化的大规模涌入，一些城市社区正在面临传统文化丧失的严峻问题，在社区民众层面，尚未形成保护和弘扬传统文化的意识。虽然社区民众的生活水平不断提高，但是经济状况的好转与文化生活质量的提高并不同步。例如社区内缺乏文化交流的平台，缺乏关怀老年人和青少年的设施，邻里相互关系日益淡漠，公共绿化空间逐渐缩小等，这些都反映出社区规划建设缺乏人文关怀，传统文化正在远离社区民众生活。

“2003 年春夏之交，北京加快了已经持续几年，城区历史上最大规模的城市改造。随着北京老城区内成片胡同瞬间被推土机碾碎，

---

① 于莹：《巴塞罗那：西班牙的城市之光》，载《环球时报》，2010-04-26（5）。
② 冯骥才：《神州遍地小洋楼》，载《建筑与文化》，2004（6），64 页。

无数流传了几百年的四合院也灰飞烟灭。北京城的个性正在消失，世界上独一无二的胡同与四合院文化也正在消失”。如今，“走在北京大街小巷，随处可见的情景是：青瓦绿树的胡同被四周毫无个性的高楼包围、挤压，仿佛是一片片随时都会被吞食的孤岛”[①]。肖复兴先生感叹道“高楼越盖越高越盖越多，并不能代表北京城，那很可能是另外一座城市拷贝。相反，如果胡同和四合院灭绝，就彻底失去了老北京的文化色彩和北京的魂儿”[②]。如今不少历史性城市都在用“日新月异”来描述城市景观的变化，的确这些城市的国际色彩越来越浓，地域特色却越来越少，社区民众对自己的城市、自己的社区越来越陌生，其原因不仅因为高楼盖得越来越多，道路修得越来越宽，还在于历史街巷和传统民居拆得越来越多。对于社区民众来说，百思不得其解的是，一座现代化的城市，高楼可以盖，宽路可以修，但是，一座拥有数百平方公里城市建设用地的城市，为何一定要将高楼、宽路集中修建在仅仅数十平方公里的历史城区中，为什么一定要让传统社区的珍贵文化记忆为高楼、宽路腾地让道？

不同社会环境、历史背景、自然条件，形成不同的社区文化，从而使社区文化呈现出不同的个性色彩。研究社区文化，首先要发现其独具特色的文化个性，并在社会发展中保持其文化个性。城市社区不仅表达着秩序、观念和历史，也表达着生活，而历史街巷和传统民居，集中反映着社区生活更真实、更生动的一面。保护社区文化资源不能简单地对其进行封存，而要有活生生的传统文化的延续。对社区文化的保护，要始终关注社会发展与社区民众的关系。近年来，随着旅游业的蓬勃发展，社区旅游逐渐成为热点。与此同

① 陈晓凤：《胡同悲歌》，载《建筑与文化》，2004（2），17页。
② 肖复兴：《老北京还有什么可看的》，载《中国政协》，2008（S1），108页。

时，一些社区作为生活场所和文化空间的功能却面临诸多挑战，社区民众日常生活与旅游发展之间的矛盾也日益明显。一些社区只注重传统建筑的保留，而将社区内的原住居民全部迁出，结果社区在失去生活气息的同时，也失去了最为珍贵的文化价值；一些社区实施过度的商业开发，社区民众纷纷改行从商，将自家的住宅装修成麻将室、酒吧间或歌舞厅，对珍贵的传统民居造成损害。保护社区文化，首要目的是保障当地居民的生活，而不是迎合外来的旅游者。但是，不少地方一谈保护，首先想到的就是旅游，目标直指旅游所带来的经济利益，往往忽视当地居民生活的改善和社区文化的传承。

1999 年，国际古迹遗址理事会起草了《国际文化旅游宪章》，强调如何保持旅游和保护文化遗产之间平衡的动态交互作用，鼓励保护文化遗产和旅游业间的对话，为了使旅游企业了解脆弱的自然遗产和当地文化，寻找出一些解决方案，避免自然遗产和当地文化在旅游业面前受到破坏和冲击。对待一个社区的生命记忆，对待一代代社区民众的经历与创造，必须慎重、严格、精心。对待保留下来的记忆必须尊重它的完整性与真实性。在社区开展文化旅游的同时，有必要制定“负责任和可持续”的旅游政策，确定合理的旅游容量，任何随心所欲的改造都会破坏记忆。

2008 年 7 月，国务院颁布实施了《历史文化名城名镇名村保护条例》，使历史文化名城和历史文化名镇、名村，进一步受到法律的保护。但是，众多在城市历史上发挥过重要作用，在人们生活中具有深远影响，并且在今天的社会生活中仍然具有现实价值和情感价值的历史文化街区，至今仍然缺少国家身份，相应的保护意识、保护措施都很薄弱，远远没有引起社会各界的广泛关注和充分认识。2009 年，经文化部、国家文物局批准，由中国文化报社、中国文物报社主办的“首届中国历史文化名街推介活动”，引起社会的广泛关注。历史文化名街保护的核心要素，主要是历史的真实性、风貌的完整性、生活的延续性。

传统社区属于城市生活的重要组成部分，其保护的本质应是对地域特色文化和传统生活方式的继承。然而，历史街区更新过程中的文化传承，一直是历史性城市面临的重大课题。许多城市案例用各种不同的方式对这一难题进行求解，那些成功的实践和走过的弯路，都值得其他城市重视和反思。现实中，社区民众被“边缘化”是历史街区保护中常见的现象。在商业化改造、房地产升值等经济利益驱动下，社区民众应有的权益往往被忽视。例如一些城市对历史街区实施“整体化”改造，虽然规划上强调“原汁原味”，而实际操作却是粗制滥造，为了降低成本，对于不同历史时期、不同特色的传统建筑的修缮简单化、模式化；一些城市的传统商业街区，老字号店铺越来越少，工艺品专卖店越来越多，为了迎合旅游的需要，销售商品来自全国各地，应有尽有，唯独缺少地方特色；一些城市对历史街区实施“商业化”改造，街区内的建筑被改造成高端会所、星级酒店，成为少数人享受的“风雅”，拒社区民众于门外。一些城市对历史街区实施“空壳化”改造，原住民被完全迁出，很多原有的社区服务功能被消解，大量传统建筑被改造为旅游配套设施。实际上，即使街区环境再“焕然一新”、仿古建筑再“原汁原味”，也难以得到社区民众的认同。

多伦路是上海虹口区的一条街道，却承载了上海从开埠时期的沙船渔村，到20世纪30年代的十里洋场，直至形成今日东方大都市的沧桑历程。不仅如此，还在中国近现代文化史中留下了浓墨重彩的一笔。在多伦路550米长的道路两侧，加上弄堂的深处，共有几十座风格各异的百年独栋别墅洋房，从一个侧面集中反映了上海一个多世纪以来的历史印记和文化缩影。在20世纪30—40年代，鲁迅、茅盾、郭沫若、叶圣陶、丁玲、柔石等著名作家以及瞿秋白、赵世炎、内山完造等历史名人曾在这里进行文学创作和交流，铸就了多伦路“现代文学重镇”的历史地位。岁月在此变幻，历史在此留痕。众多公馆建筑的存在，积淀成这里浓郁的海派文化气息，使多伦路成为海派建筑的“露天博物馆”。但是，自20世纪50年代起，多伦路被步步蚕食，成为一个马路菜市场，道路两侧传统建筑由于年久失修变得破败不堪，多伦路昔日的文化韵味荡然无存。

近年来，上海市为了保护传承多伦路的历史文化元素和载体，迁走马路菜市场，保护修缮对延续地区历史风貌有价值的历史建筑和名人故居，并通过环境改善提高土地价值，改善人居环境，形成富有特色的文化社区，重现多伦路文化风貌，使多伦路成为一条文化名人街。近年来，多伦路文化名人街共接待中外参观者200多万人，成为上海著名的文化旅游集聚区之一。

上海多伦路

喀什位于新疆西南部，是一座已有2100多年历史的边疆重镇，曾经是“丝绸之路”中国段南、北、中诸道在西端的交会点。喀什城市中心保存有规模较大的历史街区，基本为17世纪以前形态格局，具有典型的古代西域特色，不少建筑的修筑年代已逾400年。其中28条迷宫式街巷纵横交错，建筑构成灵活多变。目前，历史街区的面积占城市建成区面积的20%，人口密度为3.5万/平方公里，其人口密度之高十分罕见。大部分民居为土木结构住房，不具备抗震能力。此外，由于排水设施落后，浸泡导致部分地基塌陷，危房情势日渐加剧。近年来，喀什市从历史街区的特点出发，结合抗震救灾加固工程，确定了保护规划的要点，即保护历史街区的形态和风貌；保护历史街巷的原有格局和尺度；保护传统民居、宗教遗产、名人故居、古树名木、园林水系等物质遗存和载体；保护优秀的精神文化遗产。希望保护规划实施后，“老城的穆斯林群众，一如既往地履行宗教功课，品尝传统美食，穿着鲜亮的传统服装喜形于色，专心不二地从事手工艺品的制作，干着自己该干的工作，过着早已习惯的日子”[①]。2009年6月，联合国教科文组织经过考察后认为，喀什老城区整治改造工程对地震等灾害做了前瞻性的预防措施，改造后保留了原有的建筑特征和居民的传统生活习惯，其经验值得推广。

四、实现社区的有机更新

吴良镛教授针对北京旧城和我国其他历史性城市规划建设实践，提出了“有机更新”理论。“有机更新”理论认为，旧城更新是以更好地满足城市生活需要为目标的，而城市生活包含社会经济等各个方面，因此旧城更新“应当努力促进多种效益的取得”。然而，

① 王瑟：《看新疆喀什如何破解老城改造难题》，载《光明日报》，2010-02-02（5）。

一些城市在所谓“危旧房改造”中，将当地居民全部迁出，改为商业街或酒吧、茶馆一条街，五光十色的霓虹灯、熙熙攘攘的购物人群，取代了传统社区悠闲、轻松的文化氛围，人们有理由怀疑失去了原有功能的历史街区，能否在新的城市生活中取得长久认同。“要承认旧城是有机体，需要不断地新陈代谢，有机更新。但这种改进尺度不能太大，需要量力而行，作小规模改建；应修复房屋的产权与市场体系，使城市在公平、公正的房屋产权流通中自然生长，鼓励产权人根据保护政策作小规模整治，而不是‘加速进行’一蹴而就”[①]。一些传统社区在保护改造过程中，原有居民成分的急剧转变，原有生活方式的骤然消失，使独具特色的社区文化渐进过程被迫中断，而失去了文化真实性的传统社区将永远失去灵魂。事实上，传统生活方式的消失和传统建筑的消失同样可怕。一切不顾居民意愿、强行进行置换改造的方法，都是利用权势对社区文化进行野蛮的践踏和摧残。

“有机更新”理论丰富了城市更新的理论成果，引起了国际社会的广泛关注，其核心思想是主张按照城市内在的发展规律，顺应城市肌理，从而达到有机秩序。从“有机更新”到新的“有机秩序”，这是人文复兴与人居环境整体发展的途径，符合可持续发展思想。吴良镛教授认为，多种效益的追求可以表述为社会效益、经济效益、环境效益和城市文化效益等相统一[②]。转向小规模、渐进式的“有机更新”路径，“要改变公有产权制度下产权模糊而缺乏激励机制的现状，只有让旧城居民拥有对于产权的控制权，才可能产生充

① 吴良镛：《北京旧城保护研究》，载《北京规划建设》，2005（2），65页。
② 方可：《当代北京旧城更新：调查·研究·探索》，197～199页，北京，中国建筑工业出版社，2000。

分的自发动力来维护和更新传统建筑，‘有机更新’才有望实现”[①]。社区文化保护不但要维护社区文化传统，还要改善生活环境，促进地区文化活力。邹德慈、张锦秋教授认为，“城市历史文化保护工作已不仅仅是一个纯防御性的活动，而是急需走出专业部门、专家精英主宰的现状，在保护目标、保护战略、保护模式与保护方法上进行新的探索，应建立由多部门、多学科以及广大市民共同参与的综合性机构，进一步完善与健全保护规划的合力机制，充分提高保护工作的社会性、制定科学、全面、综合的历史遗产保护政策，将历史文化保护真正融入到城市社会、经济发展和城市更新过程中去”[②]。

2006年和2008年，南京市两次对老城区历史街区进行“危旧房改造”，大拆大建，几十处文物建筑被拆毁，成片传统民居被夷为平地，引发社会各界质疑。其中“熙南里”项目采取“镶牙式改造”方式，这种做法如果注重尽可能保护社区内的历史文化信息，采取有机更新的方法，具有一定的实践意义。但是，采取以房地产开发方式运行，强行拆除传统居民，成片改造所谓“没有保留价值”的古街老房，在原地大规模兴建仿古建筑并进行商业开发的做法，则难以得到人们的认同。其中房地产开发公司提交的南捕厅北片设计方案，计划建造“城中顶级别墅”“南京第一高端会所”，“汇集高档中餐厅、私家戏台、雪茄酒廊、多功能宴会中心于一体”，让“贵族士大夫的生活方式在此复活”。2009年5月，笔者在现场看到的情况是，所谓“镶牙式改造”，实际上“镶上去的多是‘假牙’，‘真

① 郭湘闽：《房屋产权私有化是拯救旧城的灵丹妙药吗？》，载《城市规划》，2007(1)，9页。

② 邹德慈，张锦秋：《快速城市化浪潮下的文化复兴》，载《城市规划》，2007(12)，41页。

牙’太少了”。特别是在全国重点文物保护单位甘熙宅第的建设控制地带内，对历史街区大肆拆建，被责令停工整改。随后建设部和国家文物局联合调查组前往南京督查。2009 年 8 月，南京市宣布将按照“整体保护、有机更新、政府主导、慎用市场”16 字原则实施历史街区保护，全面停止大拆大建。“以敬畏历史、敬畏文化、敬畏先人之心，加强历史文化名城保护”，被写入 2010 年南京市政府工作报告[①]。

近年来，人们发现一些城市在文化设施建设方面正在陷入误区，一边对斥巨资新建豪华的图书馆、气派的音乐厅、现代化的歌剧院等津津乐道，一边对不断拆毁历史街区、传统建筑熟视无睹，甚至直接牺牲文物古迹，为城市建设“让道”。

我国南方商业街道的沿街骑楼适合当地气候，为居民生活和商业活动遮风挡雨，并具有独特的历史风貌。但是两则报道却使人们对传统骑楼街的命运表示担忧，一则是据 2010 年 3 月 1 日《中国文化报》报道，在东莞最古老的历史街道振华路上，“2009 年 9 月，施工队开始进入振华路着手拆除街面骑楼，拟拆除的骑楼共有 60 多间，占到振华路骑楼数量的一半。振华路骑楼被拆除的消息经媒体报道后，受到东莞社会各界的关注，专家学者和广大民众纷纷参与到讨论中来，呼吁在鳞次栉比的现代化高楼之间，应该多保留一份文化遗产。在一片质疑声中，骑楼拆除工作被迫暂停”[②]。二则是据 2010 年 5 月 27 日《人民日报》报道，在广州，西湖路骑楼街上，一个个硕大的“拆”字喷在临街的墙上，“因为扩建大佛寺北广场，西湖路上仅余的 20 栋骑楼，又有 12 栋被纳入了拆迁范围。这些独

① 林歆：《南京古城“危改”艰难转向》，载《瞭望东方周刊》，2010（4），26 页。

② 宾阳：《“文化莞城”拆掉骑楼为哪般？》，载《中国文化报》，2010-03-01（7）。

具岭南风格的古建筑，是广州千年商业的历史缩影，最能勾起老广州们自豪的回忆”[①]。

社区在时代的前行中，变化是必然的、常态的，这种变化的过程，正是社区具有活力和生命力的表现。对随时都在变化和动态中的社区，进行合理的规划、保护和管理，是社区文化遗产保护的重要课题。城市社区是民众生活的有机载体，更新的原动力来自社区民众生活。因此，更新是在历史积淀而成的现状基础上延续进行，应当尊重历史和现状，尊重居民的生活习俗，继承城市社区在历史上创造并留存下来的物质与非物质的各类资源和财富。“有机更新”理论主张在社区更新中秉承这种传统，采用适当规模和合适的尺度。这是延续并发展城市文化特色的需要，同时也是确保更新获得成功的基本条件。有机更新理论强调社区更新是一个连续的过程，“任何改建都不是最后的完成，是处于持续的更新之中”，应当妥善处理社区更新中的目前与未来的关系。对于一个地区的更新规划来说，应当区分不同质量的房屋，采用不同的更新方式，尽可能减少更新对城市现有社会经济生活的破坏，既经济，又便于实施。此外，在社区更新过程中，也应当积极应用耗费资源和能源较少的传统技术手段，使用造价低廉的地方性建筑材料等。传统的社区更新往往都是小规模的连续的渐变，由于它的“人文尺度”而使社区民众感到亲切自然。

社区文化遗产的保护有着自身的要求和方法。传统社区内的基础设施大多比较落后，社会要发展，生活要改善，因此必须满足生活其中的社区民众逐步改善生活质量的需求，以增强当地居民对所居住社区未来生活的信心。要逐步整治环境，避免大拆大建，实现

① 刘泰山，贺林平：《广州文物面临“建设性破坏”》，载《人民日报》，2010-05-27(12)。

小规模、渐进式、微循环的有机更新方式，对社区建筑和环境要精心设计与施工，尽可能保存更多真实的历史信息，逐步改善生活环境，实现社区经济社会发展活力。2004年，北京市发布《关于鼓励单位和个人购买北京旧城历史文化保护区四合院等房屋的试行规定》，推动旧城历史文化保护区内四合院产权的私有化。这项政策的出台，马上引发了对旧城区四合院进行考察和挑选的热潮。同时在政协北京市第十届常委会上，建议结合住房制度改革、积极推进公有平房私有化进程的议案被以绝对多数票通过。四合院产权私有化新规定的出台，“意味着北京正在突破以拆房为主的危旧房改造老路，按照旧城改造的国际惯例，通过产权交易的形式来加快危房改造和历史文化保护”。“不久前，一项要求公布北京市确定的1261个保护院落名单和保护更多四合院落的签名活动已经展开，已有1000多人签名，他们中有著名专家、全国政协委员、官员，也有记者、律师、工程师、教师、公司职员、学生和普通百姓”[①]。

2005年，北京市提出了“旧城整体保护”的原则，要求“以院落为单位”进行保护修缮，并以“明确房屋产权，鼓励居民成为房屋修缮保护主体”作为保障机制。2007年，北京市按照“修缮、改善、疏散”的原则，采取“政府主导、财政投入、居民自愿、专家指导、社会监督”的方式实施旧城胡同四合院整治，被誉为“胡同里的里程碑”。2009年北京继续加大历史文化街区房屋保护和修缮工作力度，发布了《北京旧城历史文化街区房屋保护和修缮工作的若干规定》，明确旧城房屋修缮的指导思想和实施原则，邀请文物专家对计划修缮房屋院落进行分类评估，明确院落的分类和修缮工程性质，并对施工人员进行全面培训。全年安排10亿元资金用于旧城

① 陈晓凤：《胡同悲歌》，载《建筑与文化》，2004（2），17页。

2万户房屋保护修缮工作。按照“招标优、材料优、施工优、效果优”的标准严把修缮工程的每个环节。参与工程的各方严格执行房屋修缮标准，本着切实改善居民居住条件的原则，力争做到房屋修缮和风貌保护相统一。统筹协调历史文化街区内燃煤改为用电、环卫设施改造、架空电线入地、胡同外立面整修等市政改造和环境整治工程。综合考虑区域发展规划和产业定位，保护街区原有风貌特色，充分利用原有丰富的文化资源，坚持保护与发展并重，形成特色文化社区。

北京府学胡同36号院

钟鼓楼作为古代报时器，是文化传承的见证，也曾经是社区民众在日常生活中最感亲近的存在。如今尽管“晨钟暮鼓”已经不再，但是钟鼓楼在人们的心中依然象征着“北京时间”。刘心武先生25

年前在《钟鼓楼》里写道："有一点是可以确定的——除非发生某种难以预料的灾变，北京的钟鼓楼将成为社会历史和个人命运的见证而永存。"在北京钟楼与鼓楼之间及附近地区，保留着数十条传统胡同，其中传统四合院、传统老字号等构成钟鼓楼地区的独特韵味。由于北京钟鼓楼地区被美国《时代周刊》评为"全世界在消失前最值得去的地方"，原因是"这里将被拆除。"于是，中外游客蜂拥而至。"这些老外误会了"，"是要拆鼓楼周围的胡同和四合院，不是要拆钟楼和鼓楼这两个建筑。"钟鼓楼工作人员不停地向前来询问的游客耐心解释。但是站在鼓楼上往下看，目之所及的是一段延伸达300米的施工围墙和大型推土机，张旺胡同、国旺胡同几乎已经被夷为平地。"鼓楼和钟楼孤零零地矗立在这片逐渐丧失肌理的老胡同之中，钟鼓楼地区正在大举拆迁"。今天虽然钟鼓楼得到妥善保护，但是周围环境的改变，也会对社区原有文化特色造成影响。这一拆除重建规划，立即遭到质疑，"大迁，大拆，大建……失去了胡同四合院，失去了当地居民的生活，形只影单的钟鼓楼，苍白无力的钟鼓楼街区，北京老城将再次受到重创"[①]。

传统社区保护与社区现代发展不应该成为对立面，二者完全可以形成良性互动，实现保护与发展的双赢。美国波士顿的北端社区，始建于1630年，是美国历史上最早建立的社区之一。这里保留有大量18—19世纪的历史建筑，较好地保存了早期英国殖民地时期的建筑风格。但是随着城市经济社会发展，这里逐渐成为低收入的少数族群聚居之所。"自由之路"是一条历史遗迹文化旅游路线，由两块红砖并列排成的地面标线和指示牌、说明牌等组成，穿过查尔斯城、北端、波士顿中心城三个社区的大街小巷，串联起16处与美国

① 苏枫：《倒计时下的北京钟鼓楼》，载《小康》，2010（6），78页。

北京鼓楼

建国史和波士顿建城史有关的历史遗迹。“自由之路”设立于1951年，该项目的设立，有力地展示出文化旅游线路上的历史文化资源，使社区知名度大幅度提升。北端社区也通过这一著名的文化旅游项目，实现社会、经济、环境等多方面的改善。为了保护传统社区的历史文物，扩大“自由之路”的影响，北端社区民众分别于1975年和1991年自发成立了保罗·勒威尔纪念协会和老北堂基金会。另外，还有小型的社区志愿者组织，说明北端社区在享受“自由之路”项目带来的经济利益的同时，也在通过社区参与贡献自己的力量，达到保护传统社区的历史文化资源和“自由之路”的目的[①]。

五、促进社区的公共参与

对于社区文化传播而言，博物馆是体现传统文化内核、凝聚居

① 李兆汝:《历史街区保护与社区发展可以双赢》，载《中国建设报》，2010-06-22(3)。

民归属感的重要依托。随着社区民众物质生活水平的提高，精神生活需求日益强烈，迫切希望所居住的环境不再仅仅是冷寂的钢筋混凝土建筑群，而是一个拥有文化气息，充分满足居民文化需求的美好家园。社区博物馆，不是简单的文物收藏、研究、展示机构，而是肩负历史使命与社会责任，具有影响力与凝聚力的社区文化中心。社区中历经沧桑的历史街区和传统建筑，正是因为有社区民众的世代居住与守护，才形成独具特色的文化空间，获得与众不同的性格特征。H. 列斐伏尔（H.Lefebvre）将这种空间称之为“生活的空间”或“居住空间”[①]。这些空间与一些仅存建筑躯壳的文化遗产空间不同，它们充满人情、充满温情、充满感情。社区博物馆不仅拥有良好的文化气息，也拥有和谐的社会关系，这些都将成为促进社区博物馆持续发展的积极因素，也将成为促进社区文化整体协调发展的积极力量。社区博物馆不论规模大小，都是学习、娱乐、休闲的理想环境，对于社区文化氛围的营造，对于社区文化品质的提升，有着独特而重要的作用。社区博物馆有利于推动不同文化之间的宽容、尊重和互信。同时，各地的参观者也能通过社区博物馆，了解当地文化与自然遗产资源特色，体验社区的传统文化、地域文化和民族文化内涵。

在社区博物馆中，首先要考虑生活其中的主体，即社区民众，因为他们才是社区发展的根本动力，才是社区博物馆发展的智慧源泉。社区首先是当地居民的生活家园，没有人比世世代代生活在社区内的民众更热爱自己的家园。在社区文化的构成中，当地居民是最为重要的因素，只有通过他们所进行的文化遗产保护，才是有

① 约翰·弗里德曼：《对中国城市中场所及场所营造的思考》，刘合林译，载《城市区域规划研究》，2008（1），130 页。

价值的和可实施的保护。社区文化保护是一项民生工程，社区民众期待着有文化理想的生活社区。社区文化保护的首要目标，是满足当地居民的生活需要。社区发展与民众生活密切相关，必须充分考虑民众的发展诉求，必须通过保护改善民众的生活条件，让民众在保护中得到实惠。推平头式“旧城改造”和大拆大建式“危旧房改造”，不仅摧毁了社区原有的文化景观与文化空间，而且切断了低收入居民的生活来源，增加了社区民众的经济负担，激化了社会矛盾，影响了社会安定。因此，必须既保护社区文化，又满足社区民众追求现代生活的需求，恢复社区文化功能，提高民众生活质量，鼓励人们继续生活在社区，而不是建议他们全部迁离社区，“空巢”不利于历史的延续，使社区缺少生机和活力，也不利于社区文化保护。当前社区文化保护工作，应该重视面向社区民众的宣传，使当地居民成为社区文化保护的主体，使他们知道保护社区文化遗产资源就是保护他们的长远利益。

社区文化的魅力，存在于漫长岁月的积累。社区文化保护也必然是一项倾注社区民众感情的文化工程，为社区民众所关注。被称为南京发源地的老城南是南京历史最悠久的传统社区，围绕这片传统社区是作为历史文化街区整体保护，还是成片推倒改造的争议，已经持续了数年，几度因为原住居民的强烈要求，专家学者的一再呼吁，成为社会各界关注的焦点之一。在南京城市规划部门举行南捕厅社区保护建筑调查报告专家咨询会时，一些热心于社区文化遗产保护的当地居民也赶到会场，把原本小范围的专家咨询会变成了现场“听证”会。40 多位当地居民一边认真倾听专家意见，一边向记者发放材料，表达希望自己居住社区的文化遗产资源得到保护，不再进行大拆大建的意愿。当各位专家说到保护原住居民权利、不应搞“推平头式”改造，并及时增加保护目录内容时，旁听的当地居民多次自发鼓掌。2009 年夏，一批建筑学家开始对南捕厅社区进行历史建筑志愿调查，当地居民闻讯后积极提供线索，在很短的时间内就协助专家发现、确认了上百处清代中晚期和民国时期的具有保护价值的传统民居。于是，专家们根据《文物认定管理暂行办法》，向南京市文物部门递交了认定 109 处南捕厅社区传统民居为不可移动文物的申请书[①]。

澳大利亚是一个年轻的国家，自从 1788 年第一批欧洲人来到新南威尔士州定居开始，这个国家便迎来了一批又一批的移民。移民博物馆位于雅拉河畔的旧海关大楼内，于 1988 年正式开放。移民博物馆致力于带领参观者踏上一段难忘的旅程，体验 19 世纪至今有关移民经历的方方面面。移民博物馆尽力满足无论在文化上还是语言上都差异极大的维多利亚居民的特点，并尝试用各种方法处理有关内容，解决沟通方面的难题。这些方法包括在社区内举办展览、组织节庆活动，组织船员团聚，针对家庭和学校设计并开展各种项目，分享故事和为故事提供材料以及举办论坛探讨多元文化社会的各种问题。在参与互动项目中，参观者可以参与对未来移民的面试过程，即根据官方档案提供的资料，参观者在旁听了面试之后，对是否准许面试者进入澳大利亚提出自己的意见，然后他们将听到官方的决定。这种互动能够使参观者感到似乎真正参与了面试，已经融入到申请移民者的生活之中。一系列参与互动项目在移民博物馆取得了巨大的成功，也得到了业界的认可。随后移民博物馆针对社区民众进行了专门的调查，邀请包括老年人、青少年在内的家庭代表参加重点小组讨论，讨论如何使社区民众在博物馆中获得更多有益的体

① 梁菁：《南京老城南历史街区停止拆除》，载《中国文化报》，第 5 版，2009-12-8。

验。经过努力，移民博物馆的当地参观者人数从2003年的19%，增长到了2005年的33%[①]。

翻开社区这部百科全书，读到的将是文化氛围与生活气息。社区具有独特的功能，对生活构成积极意义。在社区中最容易感受到文化氛围，最容易捕捉到生活气息。文化留存于社区空间的每一个角落，融汇于社区生活的每一个细节。文化对社区的营造、演变，对民众的生活、行为都产生着潜移默化的作用。社区具有对文化遗产资源的吸纳能力和保存能力。长期生活在社区里，自然拥有一种对社区的认同感。今天，社区缺少的往往不是快速变化而是个性保持。社区发展不在于努力创造日新月异，而在于努力维护独具特色。社区博物馆必须要倡导奉献精神，只有当社区博物馆做到关怀社区、服务民众时，自身才能获得新的发展。社区博物馆需要不断扩大社会影响，也需要积极培养观众群体，而观众群体的培养首先要从社区民众开始。例如北京市东城区合理利用传统四合院和闲置厂房，使社区文化与胡同结缘，让胡同拓展出新的文化空间。2009年年底，由东城区政府策划的《锣鼓巷的故事》在胡同小剧场上演，熟悉的题材、低廉的票价，吸引来很多南锣鼓巷社区居民，一些多年未踏进过剧场的社区民众，现场感受到戏剧的魅力。《锣鼓巷的故事》持续上演，3000多名居民走进小剧场，观看发生在锣鼓巷里的故事[②]。

日本社区的组织化程度较高，社区民众具有浓厚意识并且积极参与社区的公共事务，这不仅得益于日本社区在长期实践中建立的一套成熟完备的治理制度和组织体系，而且与日本社区治理中的公民文化紧密相关。就公民文化而言，其核心特质是公民具有较强的

① 芭芭拉·霍恩：《障碍与动力：为澳大利亚墨尔本的移民博物馆争取观众》，载《国际博物馆》，2006（2），78页。

② 侯婧姝：《东城老厂房四合院变戏院剧场》，载《北京日报》，2010-05-07（3）。

与谢辰生先生、罗哲文先生参加《品味东四艺术作品展》

主体意识和社会参与意识，积极参与公共活动，遵守相关法律制度。在公民文化的形成与塑造过程中，教育至关重要。日本自明治维新伊始，便开展现代国民教育，培养国民的理性、科学精神，提高国民的修养。明治政府将“文明开化”作为基本国策之一，进行移风易俗，实行教育改革，强制推行义务教育和全民教育，学习民主平等思想，在国民中培育现代社会的公德观念。日本社区的日常管理以及社区建设活动，一般由当地居民组织的民间团体和自治组织进行操作与实施，充分体现社区自治、以民为本的理念。日本的社区治理是一种“小政府、大社会”的模式。这种“大社会”的特点体现在日本社会的民间力量成熟、规范，在社区管理和建设中扮演着极其重要的角色。政府通常负责制定规划、提供经费支持以及进行审计监督，具体事项交给民间的社团法人负责，例如管理社区福利事务，为老年人、残疾人提供服务。这样做不仅为政府行政部门节省了大量精力，而且能够调动民间力量来完成一些政府难以有效完成的事务[①]。

除了民间的社团法人之外，许多由当地居民构成的自治组织也参与到社区公益事业中，例如专门为老年人提供服务的老人工作委员会，为社区活动提供后勤服务的妇女会，专门负责“社区祭”筹备工作的祭典委员会。另外，在很多社区中，有由年轻力壮男子组成的社区消防队，当社区内发生火灾或者其他自然灾害时，社区消防队会积极协助专业消防队开展救灾活动。此外，日本民间力量成熟的另一个标志是社区志愿者活动的社会化、常规化。家庭主妇、公司职员、在校学生、离退休人员等经常自发地到社区的一些公益组织和社团中做志愿者，提供各类义务服务。丰富多彩的社区活动使社区居民自我价值得以实现，日常生活健康充实。笔者早年在日本留学期间，初到老师家中做客，在聊天时问师母，没有工作每天在家做什么？师母当即指出，她并不是没有工作，甚至比老师到学校教学还要忙。她从桌上取来日历给我看，果然整个星期的日程已经排满，诸如参加身体障碍者志愿服务、新型电器使用讲解、传统插花技艺指导、学生家长教育恳谈以及参加社区防灾训练活动、社区环境清洁活动、社区管理研讨活动、议员竞选后援活动等等。“你们老师一本教案讲好几年，但是我几乎每天都要接触新事物、学习新内容，怎么能说我没有工作呢？”师母再次强调。

在日本的诸多的社区自治组织中，“町内会”独具特色。町是构成日本社区的最小单位，类似于我国的街道。在町的基础上建立的町内会，是日本社区中非常重要的基层居民自治组织。除少量的

① 邢朝国：《日本公民文化与社区公共性建设》，载《中国文化报》，2010-07-23（3）。

单身居民以及频繁搬迁的家庭之外，社区的绝大多数家庭都会加入町内会。居民们从会员中选举出会长、会计以及小组组长来负责町内会的日常组织和管理。町内会集多种功能于一身，社区的公共活动大多数是以町内会为单位举办。町内会不仅负责筹办节庆祭祀，而且经常组织一些具有吸引力的文化、体育活动，例如敬老会、茶道会、棒球赛，为居民提供交流的渠道，促进邻里交往和相互了解，满足居民的精神生活需求。在突发事件以及自然灾害的预防与应对方面，町内会担负起对居民进行防灾培训的工作，并且组织居民共同抵御灾害以及负责救灾物资的分配，培养社区民众同舟共济、互帮互助的意识，提高社区的凝聚力。此外，町内会的工作内容还包括协调社区中老人会、妇女会、中小学生会以及各种文化体育组织和志愿者团体之间的关系，为居民提供保健服务，美化社区环境，维护社区设施。由于町内会兼具当地居民自治组织与行政管理组织的双重特性，因此在社区运作以及与政府行政部门的互动中，扮演着上传下达的角色。

历史街区保护与社区发展紧密结合，唤醒社区民众文化自觉和公共事务参与意识，将是今后历史街区有机更新与文化传承的主要途径。因为，无论是保护还是有机更新，其着眼点都是如何使生活更美好、环境更宜人、文化更繁荣。一些城市恢复历史街区良好的居住功能，既将建筑留下，又将居民留住，使当地居民拥有现代化的家庭居住条件。一方面，按照安全、合理的原则，把电线、电缆、自来水管道、污水管道、雨水管道全部埋入地下，重现历史街区的传统风貌，另一方面，使居民家中安装空调设施、无线宽带、卫星电视、垃圾收集等条件一应俱全。不但为历史街区注入活力，而且注重延续传统文脉和“生态环境”；不但使当地居民安居乐业，而且

日本町内会活动

使旅游者也乐于来此参观体验①。实践证明，传统社区不应是城市发展的静止片断，也不应是残破建筑的僵化堆积，更不应该成为城市社会发展的包袱，城市环境改善的负担，城市规划建设的绊脚石。历史街区保护往往需要疏散人口、改善环境，但是强制全部拆迁，既损害居民利益，又对历史街区保护不利。真正要保护传承历史街区文脉，就要保护“原生态、原居民、原文化”。科学的保护模式、适度的保护手段、积极的保护态度，将带给传统社区绵延不断的生命力。

六、构建社区的和谐家园

近年来，在大规模“旧城改造”中，很多历史街区的民众被迫迁往郊区居住，不仅丧失了原有的生活网络，更增加了高额的生活

① 杨健：《历史街区应该回归“生活态”》，载《解放日报》，2010-06-12（2）。

成本，造成这些居民在生活空间和经济社会地位上被双重边缘化，往往容易产生被社会排斥的感觉和不满情绪，滋生社会矛盾与复杂问题。现代化不仅意味着物质财富的极大丰富，同时也意味着精神文明的高度提升，而实现后者更加复杂艰难。但是，构建共同的价值观念体系是人类社区所必须经历的一个过程。新加坡于 1991 年公布了《共同价值观白皮书》，提出了新加坡道德教育的“五大价值观”核心理念，一是国家至上，社会为先；二是家庭为根，社会为本；三是关怀扶植，尊重个人；四是求同存异，协商共识；五是种族和谐，宗教宽容。社区生活的现代化是一个综合性概念，是经济、政治、文化和社会的协调发展。社区文化和文化遗产是在全球化时代，确立一个社区文化身份的重要途径。针对这一问题，城市规划建设应该调整评价社区民众生活质量的指标体系。指标体系中不但应该包括衡量人们物质生活质量的评价指标，例如居民收入水平、家庭开支结构、住房平均价格、恩格尔系数等；还应该包括衡量人们文化生活质量的评价指标，例如公共文化设施利用、社区邻里交流状况、社区民众幸福满意度等。①社区规划编制和指标体系制定阶段，应鼓励公众参与，及时反映和听取社区民众关于社区文化保护与发展的建议。

一个社区的魅力在于其特有的文化个性，它必须在现代化进程中探索适合自己的发展道路。在社区层面，除了对历史街巷、传统建筑等文化遗产给予保护之外，还应该在社区建设的各个方面融入传统文化和地域文化的要素，增加当地居民的地方归属感。这样，一方面可以提升社区文化形象、发扬地域文化特色。另一方面，可

① 王丹，王士君：《美国“新城市主义”与“精明增长”发展观解读》，载《国际城市规划》，2007（2），61 页。

以在潜移默化中提高居民保护传统文化的意识。现代人类面临的最严重的问题就是归属感、安全感的缺失和精神生活的危机。一个社区存在的最大意义和作用，就体现在对于人们的关爱和体恤。一个有爱心的社区，必定是充满人文关怀和现代气息的社区，也必将充满和谐融洽的气氛，和谐轻松的环境，有助于民众释放现代生活和工作中形成的紧张压迫感，协调人与人之间紧张的关系，缓和人们在心理、精神和道德方面的种种压抑，使人们的生存更加健康和充满活力。同时，一个社区会因为充满关爱而更具有发展契机。轻松愉悦的生活氛围使人们拥有更加自由的发展空间，个人潜能和创造灵感能够得到更大程度的发挥，从而使人们的自我价值得到更大的体现。宜居社区，不仅体现在对环境友好，而且体现在对人友好，要使居住其间的居民为社区而自豪，这就上升到了文化层面。特别是拥有深厚历史底蕴和文化内涵的社区，更要使民众能够认同和喜欢自己社区的环境和文化。

公共领域是公众进行社会交往、参与公共事务讨论、对公共政策进行批评的社会空间。在市民社会形成初期，各类沙龙、咖啡馆、戏院扮演了公共场所的角色。近代以来，日本社会的公共领域逐渐走向成熟、完善。一方面，具有公共责任感、关注公共事务的民众有走出家庭、开展公共交往、表达自身诉求；另一方面，政府为民众参与公共事务、讨论公共政策、理性表达愿望提供了制度化的社会空间。而社区里的公民馆便是这样的一个社会公共空间，居民们可以在这里进行对话沟通，形成公共舆论和决策合意。

日本大大小小的社区通常都设有公民馆。公民馆的建造和修缮费用一般来源于社区民众的筹资、捐款以及政府的专项经费。每个公民馆都设有事务管理局来处理馆内的日常事务，而管理人员则大部分由当地居民自愿义务兼职。当地居民通常只要达到5人以上，就可以申请使用公民馆。居民在使用部分场所时只需象征性地交付少量费用，用于场所设施的维护。公民馆的一个主要功能是给当地居民提供交流、学习、娱乐、休闲的场所和设施。馆内常设会议室和厨房，社区民众可以在这里聚会、聚餐。老人们可以在馆内下棋、锻炼，家庭主妇们可以在馆内切磋厨艺，孩子们可以在馆内学习。社区民众组织的文艺团体，例如合唱团、舞蹈队等也可以在公民馆排练和演出。

对于社区民众来说，公民馆开展的活动范围多元、内容实用，例如为家庭主妇举办幼儿教育、烹饪技艺、插花讲座，为一些爱好绘画、音乐、手工的居民提供培训，为外国居民开设日语学习班，这些活动都是非营利性的。此外，公民馆会动员和组织当地住户、工厂、公司、学校等各种力量来讨论社区的公共事务，为其参与社区管理提供集会场所，有力地推动了社区公共领域的发展。日本的公民文化注重培养民众的自我治理能力、公民参与精神以及社会责任感。现代国民教育使日本民众逐渐具备这样的理性和能力。在这种公民文化的濡染下，日本社区的公共性不断得到强化和发展。一方面，居民将自己的日常生活与社区联系在一起，通过组织各种民间社团、自治组织以及志愿性活动来参与社区的建设与管理，形成一种以当地居民为主体的社区治理模式，真正做到共同参与、资源共享。另一方面，政府通过一系列的制度设置来构建社区的公共空间，为居民商讨社区公共事务、参与社区决策提供渠道，使社区的公共领域向规范化、成熟化的方向发展。实践表明，这种以当地居民为主体、着力塑造居民的公共精神与社会责任感的社区治理模式，可以极大地调动居民的积极性，增强居民之间的沟通和协作，提高居民的社区归属感和认同感。

日本公民文化对社区治理的另一个重要影响，是培育社区民众的共同体精神和参与意识，对社区集体活动具有较强的责任心。在诸多的社区活动中，一年一度的“社区祭”是一项全民事务，社区里的男女老少皆参与其中，公司、学校也全力配合活动的开展。在社区祭筹备以及正式举办的过程中，社区民众根据自己的性别、年龄等扮演着不同的角色。那些平时因工作忙碌而很少往来的男性居民们，也会抽出时间到公民馆聚会，大家一起出谋划策，商讨祭祀活动的细节。女性居民们则主动担负起后勤服务，为参加聚会和祭典活动的人们准备餐食。在社区祭当天，社区民众会穿上节日服装，佩戴象征自己社区颜色的彩带，参与社区游行，为自己的社区呐喊助威，社区祭通常包含诸多当地居民自发组织的文娱活动。在此期间，由社区中的公司职员、学生、家庭主妇、退休老人组成的各种民间合唱团、舞蹈队纷纷走上街头，载歌载舞，表达他们对社区的祝福之情。整个社区祭是一个全民参与、全民联欢的活动。这一共同的社区活动将社区民众组织在一起。居民间通过分工和协作，加强邻里之间团结，提高居民的社区归属感和集体意识。因此，社区祭的每一次举办不仅传承了社区的传统文化，而且整合了社区的人际关系，强化了社区认同。

传统社区保护与发展的基本原则是“使人们生活变得更好”，但是这将是一个复杂的过程，其中包含两个基本构成因素，一是社区民众的认同与自愿，积极参与改善自身生活环境的过程；二是要通过适当的手段，鼓励社区民众采取自发、自助、互助的方式，参与这一过程。“美国波士顿北端社区的经验恰当地表明，历史文化街区的保护绝不是政府一方的责任，如果能够发挥社会力量，特别是促使社区民众自愿参与到这个过程中来，则可以实现保护与社区发展的双赢。”传统社区保护与发展的一个基本前提是社区民众的参与，即充分发挥社会力量，包括非政府组织、社区民众等，参与规划的制定与实施。相对于新建社区，传统社区中的居民彼此有着更为紧密的社会关系，对所居住的社区有着更深厚的感情，对生活环境有认同感，对传统社区有归属感，因此，会更愿意为保护自己的生活环境做出努力。从传统社区发展的角度进行历史街区的保护，是一种全面的保护，既要考虑对物质文化遗产的保护，又要考虑生活在其中的居民发展要求，应更加关注社会变迁过程中的人文因素。传统社区是有大量居民生活其间的地区，是活态的文化遗产，有其特有的社区文化，不能只保护那些历史建筑的躯壳，还应该保存它承载的文化，保护非物质形态的内容。

社区博物馆的建设是一个综合的社会实践，需要特别关注实施中的政策和方法问题。大量实践证明，凡是需要整体保护社区文化遗产资源，就不可能通过大规模改造的方式在短期内就地平衡资金，凡是按照房地产开发方式进行的运作，均没有取得预期的效果。一些城市的传统文化社区，虽然编制了保护规划，但是由于盲目引进房地产开发来主导建设，为了就地平衡资金、追求最大利润，致使保护规划得不到实施，其结果使社区文化保护和城市规划建设，均达不到预期目标。有的地方全部迁出社区原住居民，把传统建筑修缮后再以高价卖出，或变成高收入居住者的新社区、或变成高档娱乐的休闲地区、或变成专供旅游参观的布景道具。这些都不是社区文化保护的方向。一些开展社区文化保护较早的国家，虽然有时也采取成片更新的方式，但是往往针对的是已衰落的商业区、仓库区、码头区等，很少大量迁出当地居民。国际社会普遍不赞成对传统社区实施“绅士化”的改造，而成功的做法往往是：政府主导、居民参与、动员社会、渐进改善，即政府出资改善社区基础设施，社区民众出资加上政府补贴改善自家住房。对于传统商业街区也按照发展规律，首先改善基础设施和整治环境，而避免成街成片的大拆大建式地改造，防止建设“仿古一条街”。

江苏无锡中国历史文化名街惠山老街市民捐赠物品陈列展

J. 戴尔（J.Dell）认为，城市除了提供许多基本的设施，如医疗、教育等，更重要的是自己的特色及与城市居民间的互动。他说：“每个城市居民对自己的城市是否感到自豪是一目了然的。所以对于宜居城市这个问题，没有什么固定的模式或模板。每一个城市都是独一无二的”。[①] 在社区博物馆规划建设中，要考虑社区的特色和个性，为社区民众营造充满人文关怀的文化氛围。社区内的历史街巷和传统民居是社区文化之魂。走进社区，人们若想触摸到社区文化

① 严葭淇：《理想城市什么样》，载《中国文化报》，第 8 版，2008-11-4。

的灵魂，感受它最真切的气质，必须走进社区内最富代表性的、纵横交错于社区中的历史街巷和传统民居。人们热衷于探访历史社区，不仅仅是因为那里有独特的传统文化之美，更在于能真实了解城市历史和社区文化。虽然一些社区的文化景观平淡无奇，但是纯朴自然，充分显示出过去时代平静的社区生活。社区生活实际上才是社区博物馆真正的参观展示对象。在那些历经沧桑的历史街巷和传统建筑之间，沉淀着社区的悠久历史，蕴藏着社区的浓郁风情。社区博物馆的展览经常被用来作为讨论社区状况以及研究社会变化的公共场所。人们通过社区博物馆更好地解读并融入社区文化，体验社区民众的真实生活。判断社区博物馆的价值，不是只看博物馆建筑、设施本身，而是看它能够为社区发展提供了什么、为社区文化创造了什么，为社区生活贡献了什么。

每个社区都有自己的发展历程，每个社区都有自己的传奇故事。社区博物馆没有固定模式，是由于他们所代表的社区情况和文化状况不同，因而具有不同的实现形式。一个社区只有坚守共有的精神家园，才会具有向心力、凝聚力和创造力，而共有精神家园，就是社区民众共有的意志、观念、理想、目标和追求。在这一背景下，社区博物馆的核心思想就是让社区充满爱，让社区民众能够在社区中寻找到温馨和安宁，使社区生活更美好，使社区不但宜于居住，而且宜于交流，更要宜于发展。“对许多居民来说，日常生活的习惯是舒适感、安全感、稳定感的重要来源。当邻里偶然遇见时，会相互问候、播撒友谊的种子、互传闲言碎语和处理紧急事件等，这一切都是居民与场所感情联系的重要源泉”。[①] 但是，在当代

① 约翰·弗里德曼：《对中国城市中场所及场所营造的思考》，刘合林译，载《城市区域规划研究》，2008（1），130 页。

生活条件下，社会网络日益扩张，人们的活动空间远远超出社区范围，邻里间的交往却逐渐冷淡，基于社区邻里的场所，在社区民众生活中的重要性日渐消失。社区博物馆的使命在于，让社区文化成为城市文化的重要组成部分，恢复它们昔日的荣光，让它们继续承载城市的文明，承载民众生活的理想，成为城市中最美好的生活场所。社区博物馆在文化遗产保护中可以发挥出多方面的功能。社区博物馆的重要功能之一，就是尽可能完整地保护文化遗产，使它们成为重要的和可持续的科学研究资源。

关于浙江安吉生态博物馆聚落的思考①

（2011 年 3 月）

近年来，在全世界范围内，生态博物馆的理念不断深化，新的经验不断创造，新的理论不断拓展。生态博物馆的思想在我国实践、发展已有 10 余年历史，并不断探索适合我国国情的建设模式。实践证明，不应试图把生态博物馆标准化和形式化，不应否定各个地域的特殊性，反而生态博物馆应根据地域特点而千姿百态。只有如此，生态博物馆的价值才能进一步得以体现，生态博物馆的成果才能进一步得到巩固。

一、生态博物馆实践拓展的思考

我国 5 千年的历史就是一部农业文明史，至今农业人口仍占全国人口的 50% 以上，农业文化遗产和乡村文化景观是我国文化遗产的重要组成部分。农村社区是有文化的，农村社区文化是在农业生产、农村生活之中，在人与自然亲密接触之中逐渐形成，并由当地民众世世代代传承与弘扬。因此，农村社区文化是最有泥土气息的文化，是最富民间亲情的文化。但是，农村社区文化特有的价值却长期被忽视。同样令人担忧的是，我国农业村落近些年来数量锐减。据中国社会科学院社会学所李培林所长提供的调查数字，从 1985 年

① 此文发表于《中国文物科学研究》2011 年第 1 期，第 1 页，2011 年 3 月出版。

到2001年，在不到20年的时间里，我国农业村落的个数，从94万余个锐减到不足71万个。仅2001年，我国那些延续了数千年的农业村落就减少了25000余个，平均每天减少约70个。为此他撰写了《村落的终结》一书探寻其规律。[①]生态博物馆是在一个特定的地域内，在相对独立的社区群体中，仍然保持和延续着包括建筑、语言、服饰、饮食、工艺、知识、信仰、道德、法律、风俗以及生活能力在内的比较完整的文化形态。这样的社区群体有着双重性，一方面，拥有原生态的、唯一性的、独特的传统文化，保存得完整和丰富；另一方面，由于长期封闭，经济落后，物质生活条件较差，处于贫困的状况。在这样的农村社区中建立生态博物馆，必然要在保护文化遗产的同时，担负起促进消除贫困的任务。

我国广大农村地区，经过千百年的文化积淀，成为自然环境与文化景观和谐共生，传统文化、地域文化、民族文化资源最为集中，物质与非物质文化遗产保存最为丰富的地方。随着我国经济社会快速发展，商品经济的渗透，长期处于封闭状态的农村地区，人们的观念不断发生变化，越来越多的民众向往城市生活，不断走出家门离开村庄，涌入城市打工就业，强烈希望改变生存环境和改善生活条件。更有一些人对本民族所处的环境和文化存在着一种自卑的心理，对自己的家园和文化感情淡漠，认为家乡的一切都不如城市。在这一背景下，乡村文化景观也出现了城市化的现象，在城市规划建设中喧嚣一时的"城市化妆运动"，向农村地区大举进军。不少历史文化村镇将一般城市规划中的分区规划、园林规划、城市设计的理念套用过来，盲目复制城市文化景观，将大量雄伟气派的房地产

① 苏东海：《新农村·农村文化·生态博物馆》，载《中国文物报》，第5版，2006-11-17。

开发项目移植到历史文化村镇之中，导致乡村文化景观规则化和庸俗化倾向，空间关系日益单调，缺乏相互内在联系，形成“万村一面”的同质化，使城市化现象进一步蔓延。与世界许多地方一样的，钢筋混凝土立面和铁皮屋顶构成的，按照城市风格建造的村落和民居，正在改变着我国成千上万的美丽乡村，使它们变得浅薄和粗俗。

浙江安吉白茶生态博物馆

无论是农村社区，还是乡土建筑，都不应视为落后与贫穷的代名词。“在中国的传统文化中，乡村本来是比城市更美好的地方，是知识分子的家园，是传统中国社会田园牧歌生活的载体，也是所有文人衣锦还乡的最终归属地”。“所以在过去的中国，乡村的住房比城市里的更好，如徽派建筑等。因为在人们心里，乡村才是最终的归属地”。[①] 农村社区与自然山水的结合更为密切和谐，乡土建筑在风格形态上更为丰富多彩。它们都是利用当地资源材料，由当地工

① 方益波：《城市化不是简单的消灭乡村变城市》，载《中国文化报》，第 2 版，2010-7-5。

匠采取当地传统技艺建造出的适合当地民众生活的街巷形态和各类房屋，很容易形成自己的风格。在建筑装修、装饰方面，乡土建筑更有原创性，有时虽然显得粗糙，但是生动活泼。在城市化加速进程、新农村建设以及农村危房改造等一波接一波的建设浪潮中，一些原本美丽和谐的乡村中，出现大量违章建筑，池塘水面日益减少，街巷格局日益零乱，许多亲切怡人的院落空间、街巷空间、园林空间、山水空间以及文化空间不复存在。传统村庄的原有属性和历史记忆亟待保护。农村社区发展应该有自身的评价体系，应该发展成为与城市社区有所区别的另外一种生产、生活形态，而不是简单地从外表上模仿城市社区布局和建筑形式。“类似村头的风水树、田地里的界碑、村庄附近的栈道、村内的宗祠等，都是乡村聚落遗传因子，是乡村民众的精神寄托，构成了中华民族整体的家园感和归属感”。①

在过去20年里，陈志华教授率领清华大学建筑学院乡土建筑研究小组的200余名学生，调查了我国13个省份100余个不同类型的村镇，用3000余张建筑测绘图纸和40余部关于乡土聚落的研究报告，记录下变化中的我国乡村，总结出了乡村聚落和乡土建筑保护的8项原则。一是保护乡村聚落和乡土建筑的原生态，凡是有损于乡村聚落和乡土建筑原生态的行为都要尽量避免；二是为了尽可能完整地保护乡村聚落和乡土建筑的原生态，必须保护乡村聚落的整体，也就是保护历史信息的完整性和系统性；三是不但要保护乡村聚落的各类建筑，也要保护乡村聚落里的各种公用生活设施和生产设施，如池塘、沟渠、石磨、水井等；四是要收集、保护各样日

① 方益波：《城市化不是简单的消灭乡村变城市》，载《中国文化报》，第2版，2010-7-5。

常的和劳动的器物、用具，它们同样能表现村民们的智慧和技巧，一样能反映出乡村聚落生活的细节；五是要细心地发现和保护乡土建筑上的细节和历史痕迹；六是尽可能地保护乡村聚落的原生态环境；七是保护一个乡村聚落，就要保护它一切可以收集到的文字史料和口传史料，把它们展览出来，最好是编纂村志正式出版；八是乡村聚落作为居住环境，和它共生的还有很多其他物质性和非物质性的东西，都应该广泛收集保存。乡村聚落和乡土建筑保护总原则就是力争完整地保护住乡村聚落和乡土建筑的多方面综合价值。①

2009 年 11 月，第二届“中国乡土建筑文化抢救与保护暨建德·新叶古村研讨会”召开，会议归纳出具有典型推广意义的《建德新叶共识》(下简称《共识》)。《共识》强调，历史村落保护必须由政府引导、社会参与，把文化遗产保护和民生建设结合起来，在加强文化遗产保护的同时，注意做到自然、文化和社会三个生态环境的和谐。《共识》建议，地方各级政府发布的法律法规和乡规民约相互补充，逐步建立起以适应社区民众自主管理为基础，地方政府以政策配套为支持的历史村落保护法治环境。《共识》提醒，在保护物质文化遗产的同时，注重挖掘、继承和发扬非物质文化，积极探寻历史村落保护与经济社会和生态环境协调发展的模式。严格注意避免那种为了促进旅游而“创新”的伪文化、伪民俗、伪传统的渗透和玷污，避免唯利是图的商业文化对于地方固有物质和非物质历史文化遗产的侵害。会议认识到，历史村落保护是一项文化工程，应该立足于对历史文化的全方位沿承，而不能追求商业开发，对文化遗产造成破坏；历史村落保护也是一项系统工程，不仅要进行核心区的原物、原貌保护，而且要实行外围控制区的风貌保护以及更大范

① 陈志华：《8 个乡土建筑保护原则》，载《中国文化报》，第 5 版，2010-7-7。

围地进行环境保护；历史村落保护还是一项民生工程，保护历史村落不能简单地对其进行封存，而要有活生生的耕读文化的延续，因此在保护工作中必须充分考虑社区民众的发展问题。

纵观国内外生态博物馆的建设实践，可以认为生态博物馆是博物馆的新类型，是传统博物馆概念的延伸，是传统博物馆功能与界限在特定条件下的扩展。生态博物馆并没有更新或颠覆传统博物馆的概念，它也是保存、陈列、研究物质文化和精神文化遗存以及自然标本的文化教育事业机构，它也是一个文化教育的工具。从概念的延伸来说，它增加了“文化原生地保护”“居民自主管理和保护”“文化原生环境一体保护”等内涵，它是保存、陈列、研究形式的改变，而不是概念的更新，更不是颠覆。[①] 但是，生态博物馆在形式上，打破了博物馆机构与环境之间的障碍，管理者和观众之间的障碍，博物馆内外物品之间的障碍，可移动与不可移动物品之间的障碍以及信息与实物之间的障碍，是一种保护、展示、宣传和生活方式的综合体。生态博物馆的建立，不仅使人们对文化遗产的权衡、取舍、保护、展示更加科学，也更加注重过程性。“生态博物馆的第一个使命是促进社会和文化发展”[②]。生态博物馆理论的出发点，不是要当地民众与他们的文化相分离，而是基于社区民众的文化理念建设自己的未来，当地民众的精神寄托在其间得到了淋漓尽致的体现。实践已经证明，生态博物馆是进行民族文化遗产保护与展示、推动当地文化与社会发展的卓有成效的工具，而乡村文化景观更成为生态博物馆理念和实践可持续发展的有力见证。

① 莫志东：《生态博物馆的实践需要宽容》，载《广西文化》，2007（3），29页。

② 玛葛丽塔·科古：《生态博物馆和地方政府》，见《2005年贵州生态博物馆国际论坛论文集》，132页，北京，紫禁城出版社。

贵州隆里古城历史街道

在生态博物馆的问题上，我们可以看到我国与欧洲在发展阶段方面的差距，欧洲生态博物馆概念最早提出来的时间是在 20 世纪 70 年代，那时欧洲各地的经济社会发展已经达到一定的水准，但是却面临着能源危机和生态压力，在这样文化背景下的反思，使其产生了对文化与生态的保护思想，这是一种自发的文化自觉行为。可见，生态博物馆主要是农村社区在生活水平提升、经济实力增强，文化精神需求旺盛的条件下，由村庄民众创办并发展起来。而我国的生态博物馆，大多数是建立在西部民族地区偏远的贫困山村，在经济发展水平远远没有达到一定的富裕程度，文化发展水平也尚未达到自己创办生态博物馆的意识条件，于是一些生态博物馆是在当地民众对自己的文化没有一定的自信和认识的情况下建立的，“官办”色彩浓厚，由外来力量主导，村庄民众并没有举办生态博物馆的主动性和积极性，或者只是出于希望在生态博物馆的名义下能够摆脱贫困。因此，当地民众并不知道该怎么创办和如何维持生态博物馆，缺乏主观能动性，成为生态博物馆建设的盲目观望者或被动参与者，似乎生态博物馆对他们的生活来说可有可无，因此出现只要外来力量一旦撤出，这些生态博物馆就面临偃旗息鼓的局面。在这样的背景下产生的生态博物馆，很难成为一种教育的工具和阻止文化退化的方式。

10多年来，我国主要选择了在不同的民族村寨，建立不同民族的生态博物馆，以体现保护民族文化多样性的目的。这些生态博物馆多兴建于民族文化遗产富集地区，其实践已经证明生态博物馆是进行民族文化遗产保护与展示、推动当地文化与社会发展的卓有成效的工具。在这些自然与文化遗产相对集中的地方，进行生态博物馆的规划建设，正确处理文化遗产保护、展示、利用以及继承与发展的关系，构建人与环境和谐相处的良好关系，不仅可以充分发挥这些地方的资源优势与后发优势，为当地的发展找到具有特色的出路，而且可以避免城市化、现代化和新农村建设过程中“千村一面”的悲剧重演。建立生态博物馆，不仅为人类学、民族学、民俗学、社会学、文化学、经济史学等科学研究提供了鲜活的实践资料，更有利于农业，农民，农村的生产、生活、生态的发展。在生态博物馆中，社区民众认识到了民族文化的价值，更珍视自己的文化，民居建筑、民族歌舞、民族服饰、民族习俗等优秀传统文化得到了较为有效的保护，而且这些独具特色的民族文化也吸引了大批中外参观者，促进当地旅游业的发展，也带动了当地民族工艺产业的发展，使社区民众走上脱贫致富的道路。虽然，目前各地生态博物馆的建设，或多或少地存在一些问题，但是属于具有开创性的实践中的正常现象。

今天生态博物馆的建设与发展，有着更为宏阔的社会背景和积极的时代意义。当前，面对城市化加速进程，农村社区和乡土建筑应该具有与城市社区和城市建筑不同的特色和优点，“城市化”并不是简单的“消灭乡村变城市”，要珍视、保护好人类在农村社区的历史文脉，促进城乡统筹和可持续发展。苏东海先生在总结我国生态博物馆建设的基本经验时指出：生态博物馆的思想必须本土化才能生根。生态博物馆的思想具有普适价值，但它存在的形态却是千差万别的。它是一颗思想种子，必须种在土壤中才能生根。一切从国家的、社会的、本地的实际出发，生态博物馆才有希望自下而上与发展下去。我国生态博物馆的覆盖面，应该从边疆少数民族村寨向东部、中部农村地区方向延伸，进一步扩大生态博物馆的影响，更多地实现生态博物馆的价值。实践证明，生态博物馆的概念不应该被模式化，没有也不应该有固定的模式，更不应脱离当地特点，建造标准化和形式化的生态博物馆。我国幅员辽阔，不同的地域文化各具特色。在社会转型时期，传统文化与现代文化的交融，本土文化与外来文化的冲突，更使地域文化、民族文化呈现出异常复杂的局面，这就使生态博物馆建设，担负着保护文化多样性的重任。特别是我国东部沿海地区，经济快速发展引发持续地大规模城乡建设，更需要引入生态博物馆的先进理念，实现农村社区文化遗产的整体保护。因此，生态博物馆应该突破目前的实践范围，根据各地的特点，具有丰富多彩的形式，从更广泛的领域，选择有代表性的不同地区、不同要素，作为生态博物馆实践的延伸与拓展，具有十分重要的现实意义。

二、安吉生态博物馆资源的分析

安吉生态博物馆是在我国东部经济发达地区建设生态博物馆的首例实践，为在更高经济基础和社会发展水平上，实践和发展生态博物馆理念提供了机会，丰富了我国生态博物馆建设模式，其影响和示范意义深远。安吉处于太湖与黄浦江源头，以山区、半山区农村为主体。10多年前，安吉曾经是浙江省的20个贫困县之一。20世纪80—90年代，安吉走上以牺牲环境为代价的“工业立县”之路，造纸、化工、建材、印染等企业的崛起，成就了全县经济指标的快速增长，终于摘掉了贫困县的帽子。然而，安吉人蓦然发现，环境破坏，生态恶化，黑烟滚滚，污水横流，美丽家园面临前所未有的生态危机。1998年国务院将安吉列为太湖水污染治理重点区域。近年来，国家环境保护政策不断出台，过去污染严重的小化工、小造纸等企业被相继叫停。安吉人在困难的处境中思索变革之路，认识到安吉的优势是山水文化景观，潜力也是山水文化景观，生态环境是安吉最大的也是最宝贵的资源，安吉应该依靠生态优势，走“生态立县”之路。这种对于人与自然相依相存和谐关系的认识，无疑是安吉民众智慧、文明与进步的体现。这种在生活实践中所延续的自然生态观及其优良传统，在今天更值得继承和大力弘扬，以更好地保护人们赖以生存的环境。

安吉历史悠久，文物古迹众多，极具江南地区文化代表。境内上马坎遗址，填补了浙江旧石器文化考古的空白，揭示了江南早期人类活动；位于递铺镇的春秋早期越国重镇及秦汉鄣郡治所古城遗址，至今保存基本完整，遗址内遗存丰富，护城河遗迹清晰。这一地带，陆续发掘出土商、周、秦、汉、两晋等各个时期的珍贵文物，揭示出古代长江下游地区政治经济文化中心的历史地位。“安吉”取自《诗经》“安且吉兮”，东汉建县以来，已有1800多年历史。安吉境内有古遗址、古建筑、古窑址、古墓葬以及碑刻等不可移动文物2000余处，博物馆有各时代文物藏品愈万件，其中珍贵文物千余件。安吉具有丰富的自然生态资源、历史文化资源、地方人文资源和现代特色资源，其自然环境、社会结构、经济状况和精神生活，仍旧处于比较完整的文化生态之中，保持着十分难得的、生机勃勃的独立文化整体，成为文化遗产体系中难得的组成部分，为民族学、人类学、社会学、文化学、民俗学等方面科学研究，提供了十分珍贵的信息资料。因此，安吉所呈现出的文化景观具有丰富的复合类型，展示出乡村类文化景观、山水类文化景观、民俗类文化景观、产业类文化景观和军事类文化景观等方面的鲜明特点，同时在宗教类文化景观和遗址类文化景观等方面也有重要遗存。

在乡村类文化景观方面，悠久的农业文明历史，展现出丰富的文化信息。其中安吉以茶著称，茶园面积达 7.98 万亩，拥有 23 只地方茶种，各具品味和地方传统特色，尤其是安吉白茶为全国珍稀良种，独一无二，茗中极品，以其清香、味美、保健享誉世界，已成为白茶中的天之骄子。安吉白茶种植面积已达 5 万亩左右，获国家原产地产品保护，产值近 6 亿元。在半山区丘陵地带，黄土垄间，白茶园层层叠叠，成行成垄，满眼绿色，茶农时而劳作于其中，俨然一幅安逸与恬静的生活画卷。白茶之乡溪龙村是重要的白茶生产区，在传统制茶工艺的基础上提升的白茶生产工艺，作为一项特色产业和民族传统工艺加以保护，展现出白茶生产区的文化景观。每当夜晚来临时，茶农们在传统的作坊里按传统工艺一道道地炒制宋皇贡茗，一股股白茶清香沁人心扉。此外，安吉目前还保存有传统造纸作坊、水碓作坊、笋干作坊等古老的生产方式。灵峰山区，环境幽静、山水清新、民风朴素。近年来，随着生态环境保护的深入，人们选择这处森林氧吧，在原始生态环境中，利用当地传统建筑材料，建造没有现代材料装饰的“毛坯房”式生态屋，给人以幽静、古朴、舒适、自然的感觉，作为传统环境保护与节能建筑，使生态理念、生态环境、生态行为得以充分体现。

浙江白茶园

在山水类文化景观方面，安吉位于南太湖上游，黄浦江源头。作为国家生态县，全县森林覆盖率、植被覆盖率、人均拥有森林和植被面积、出水水质达标率、空气质量等均处于全国前列，被称为气净、水净、土净的“三净之地”。在自然资源方面，连绵的群峰、漫山的翠竹、潺潺的山泉，使安吉展现出丰富多彩的山水类文化景观。西苕溪是安吉的母亲河，境内的溪流几乎全部汇入西苕溪，形成叶脉辐聚状单一水系，流向东北贯入太湖，太湖有 36% 的水资源来自西苕溪。西苕溪沿岸自古以来就是人类理想的生活与活动场所，人们依山傍水而居，创造出灿烂的文明成果。昔日西苕溪上水路运输繁忙，承担安吉作为南北文化通道的重要使命。西苕溪两岸拥有大量乡土民居建筑、祠堂建筑和宗教建筑，是人们安居乐业的主要地带。而西苕溪东岸的原始生态环境，展现出人类、动物、植物在同一蓝天下和谐相处的优美画卷，形成西苕溪湿地文化景观。而位于报福镇和上墅乡一带的大汉七十二峰，由七十二座千米以上的高山组成，素有江南“青藏高原”之称。区域内奇峰怪石林立，云雾变幻无穷，碧潭飞瀑密布，其壮丽风景享有“百里画廊”之美誉。境内的天目山主峰龙王山海拔 1587.4 米，为浙江北部第一高峰，保存有 1200 亩原始森林，是国家级自然保护区。

浙江安吉天荒坪抽水蓄能电站

在民俗类文化景观方面，安吉不但风光旖旎、气候宜人，而且民风淳朴，具有历史悠久的生态保护意识。早在清代，安吉就鼓励乡贤积极参与生态保护，保留至今的“奉宪禁碑”“阖村公禁碑”上的铭文，均表达出强烈的生态环境保护理念，至今影响深远。如今，在安吉随处可以感受到人们独有的传统生活习俗。每到年关，家家忙着杀年猪、磨豆腐、打年糕，还不时有狩猎人的吆喝声在山村上空回荡。山村农家院墙上挂着一串串苞米、火腿，山民们吊着香袋，一杯清茶围坐在火堆旁，悠闲自得的生活其乐融融。以竹文化、茶文化、书画文化为代表的安吉非物质文化遗产精髓源远流长，精彩纷呈，已成为安吉乃至南太湖文化的品牌。独松关和古驿道一带保留着独特的传统生活习俗，关上村原住村民200余户，均为南宋守关将领之后裔，生活习俗至今不乏宋代风情，例如村民上山携带的竹筒，是根据南宋将士行军佩带的韩瓶而改制；村民至今还保持着每年端午节在纪念屈原的同时，撒一些籼米在竹林间，以此来纪念他们的祖先。浓郁乡土风情孕育出的璀璨民间艺术，例如舞竹龙、跳竹舞、采茶歌谣、孝子灯及犟驴子、踩旱船等，世代相传并得到充分展示。这些民俗类文化景观所蕴含的文化多样性，成为未来理想生活的活力源泉。

浙江安吉龙王村造纸文化作坊

在产业类文化景观方面，安吉是我国第一竹乡，有占县域面积1/3以上的大竹海。群山起伏，竹海连绵，方圆1886平方公里的土地上，蓄积了百万亩竹林和约1.5亿株毛竹。“川原五十里，修竹半其间”，安吉竹制品和竹工艺品历来都是安吉经济发展的支柱产业，仅清乾隆《安吉州志·器用属》中记载的竹制品就有4大类163种，包含农林牧副渔猎工具类、工业制品及工艺类、家具和生活用具类、文体用品及药品类等。位于大毛竹基地的递铺镇五岳村，展现出独特的竹制工艺生产文化景观，通过传统的竹资源利用方式和竹制品生产工艺，使竹乡文化得以现代推广和永续传承。在这里，人们不仅能看到村民们上山捏油、钩梢、砍竹、拉竹以及撬竹、接竹、山溪水运竹排等传统的生产和运输过程，还能看到机械化的破竹、拉丝等加工程序。在第三次全国文物普查中，在报福村发现一处明代水利设施——报福水渠，水渠全长1900余米，砌筑规范、保存完整，为安吉乃至整个太湖流域水利设施的研究提供了重要的实物资料。[①] 同时，安吉拥有世界上品种最丰富，面积最大的竹子博览园和展示竹文化的竹子博物馆。在现代产业类文化景观方面，世界第二的抽水蓄能电站位于天荒坪镇天荒坪村，历经八年建成。水库位于海拔千米的高山之巅，被誉为“江南天池”。主机房建于山腹之中，幽深隐秘，在所开展的工业旅游中，展示出现代生态工业文明的独特文化景观。

在军事类文化景观方面，独松关，是南宋时期军事防御设施，位于关上村独松岭，横跨东西两山，关墙由块石垒筑，显示出江南坚固的城防体系，既是都城临安抵御北方敌兵的重要关隘，又是当时的急递驿站之一，是关隘、筑城制度和驿传文化研究遗存不多的

① 邱宏亮：《安吉发现一处明代水利设施》，载《浙江文物》，2009（3），29页。

浙江安吉港口村竹文化陈列馆

重要实例。据《宋书》记载，南宋嘉泰年间（1201—1204）开辟临安至建康驿道，经独松关过独松岭。古代驿道沿山溪而筑，群山环绕，现存部分路段和设施保存完好，这条由块石或卵石铺筑而成的驿道宽 1.2~2 米，道间存有自然条石构筑的平桥和卵石构筑的拱桥，至今仍为安吉至余杭徒步的主要通道。沿途翠竹葱郁、流水潺潺，并有竹林茶圃、农家菜园拥随，保存各类文物古迹和传统民居建筑，文化与自然环境独具特色。关隘、烽燧、驿道、古桥以及原始森林、生态水系，共同集中展示出独特的地域文明。而独松关和古驿道承载的历史信息翔实生动，南宋守关将士抵抗金兵侵略，在此浴血奋战，其可歌可泣的壮举，至今强烈地激发出地域自豪感，对后人产生无比的震撼力。除此之外，位于良朋镇牛头山上的古代军事设施，是春秋时期越国的军事瞭望台，宋代时岳家军延续使用，尚存建筑遗迹和多处石灶遗存以及崖刻题记，是难得的军事类文化景观。

综上所述，安吉的文化景观以农业经济为基础，广泛分布于县域范围，是自然与人类长期相互作用的共同作品。但是，近年来这些各具特色的文化景观，一直受到城市化的冲击，特别是在全球化的浪潮中，更面临着传统中断和特征丧失的威胁。可喜的是，目前安吉县将生态立县提到经济社会发展的战略高度，提出建设生态博物馆的战略目标，旨在更好地保护自然环境，保护绿水青山和竹林资源，保护可移动和不可移动文物，保护物质和非物质文化遗产，融自然生态环境、传统地域文化与文化遗产资源于一体，尊重人类与自然的整体创造，注重文化景观遗产的保护，动员广大民众积极参与，以达到真正意义上的可持续发展。2008 年 10 月，安吉生态博物馆正式奠基，其中生态博物馆资料信息中心，建于县城中心，建筑面积约 1.5 万平方米，建筑风格体现安吉深厚的文化底蕴，具有鲜明的个性和特色。博物馆建筑工艺采用太阳能、自然采光、水循环利用等一系列先进生态技术，馆内集中展示安吉历史文化和生态文明。安吉生态博物馆作为在我国东部发达地区所开展的独特实践，具有创新意义，为此当地政府与文化遗产部门已就安吉生态博物馆的性质与特征以及文化景观保护与发展方向等达成了基本共识。

三、生态博物馆建设的核心理念

一是提倡对文化景观实施整体保护。安吉生态博物馆立足于独特的生态优势和丰富的文化遗产资源，倡导整体保护文化景观的理念。通过深入调查区域内的文化与自然遗产资源，按照整体保护和科学发展的原则，确立生态文化和文化生态并重的思路，注重保护人类赖以生存的田地、山林、川泽及其生态环境，保护村落的居住环境，保护社区的文化记忆，保持族群的发展基础和动力，即保护地域文化的全部内容，保护人类及其环境的所有有价值的信息，实现自然与文化、“静态”与“动态”、物质与非物质、历史与当代的整体保护。安吉生态博物馆的构建体现了农村社区及当地民众多样的生存智慧，展示人类与自然和谐相处的生活方式，突出鲜明的地方文化特色，所涉及内容不仅包括当地文物古迹、民居建筑、文物文献、民俗风情、传统技艺、乡土知识等，还包括这些文化遗产赖以孕育和发展的自然生态环境。

二是提倡对文化景观实施原状保护。通过明确和坚持安吉生态博物馆的使命、宗旨、功能、任务和阶段性目标，充分体现生态博物馆与当地文化繁荣、经济发展、环境改善、社会进步和公众生活水平提高的良性互动，形成追寻历史、陶冶情操、融入自然的，可持续发展的文化景观，有效保护传承当地文化与自然遗产和优良乡风文明，改善生产生活的环境氛围和景观品质，从而使文化深深地根植于肥沃的生活土壤之中，而得以生机勃勃地发展与延续，满足于今天和未来的需要。安吉生态博物馆不是将文物搬到博物馆里面，而是将其保留在文化的原生地，从而正确地表现文化遗产的真正文化含义，折射出人类和自然之间的内在联系和良好互动关系。除此之外，安吉生态博物馆积极推动非物质文化遗产的记忆、弘扬、传承和普及。在实施过程中，动员社区民众应用本地区传统技术、材料和资源保护当地文化遗产。

三是提倡对文化景观实施动态保护。安吉生态博物馆将是展示社区文化魅力的窗口。它展示在历史发展进程中留下的珍贵文化财富以及它们的现状，成为不同文化之间相互理解、相互尊重的重要渠道。鉴于安吉多样性文化景观是长期历史发展过程中形成的，并仍然在继续发展和不断变化，倡导尊重不同类别文化景观的演变特性，延续族群的文化脉络，维护现实社区文化的丰富性。生态博物馆应作为现存文化和习俗在现代化进程中变革的见证而存在，它向观众展示的是当地独特的人文活动、活的生产和动态生活以及与之相关的自然环境、山水风光、生产劳动、建筑风格、风俗习惯等诸多因素构成的当地整体特色，进而吸引人们走入其中，观赏、体验、参与当地文化生活。以安吉生态博物馆的建设为契机，发展当地文化产业和旅游事业，并提升地区的社会影响力和知名度，以此带动其他经济社会活动。

四是提倡对文化景观实施综合保护。鉴于安吉生态博物馆建设是新型博物馆的创造性实践，将积极吸引社会力量的关注和支持，鼓励他们参与文化遗产保护和生态博物馆的建设与发展，并共享其中的成果。鉴于安吉多样性文化景观保护和发展的复杂性，安吉生态博物馆建设将是一项系统工程，不仅包括文化遗产保护，还包括基础设施完善、自然生态维护等，因此需要倡导政府在政策导向、法律体系构建、技术保障与资金筹措、资源整合等方面给予支持和引导。文化遗产部门发挥专业指导作用，与规划、财政、文化、农业、水利、交通、建设、林业等有关部门密切配合，整合资源，加大投入。同时，应以安吉生态博物馆为平台，邀集国内外高水平的文化遗产保护、博物馆、规划等领域的专家，开展相关考察、研讨、培训，建立一支生态博物馆的专业队伍，为安吉生态博物馆建设提供智力支持和人才保障。

五是提倡对文化景观实施传承保护。安吉生态博物馆以“大竹海”和白茶园为依托，集中展示“百里竹海”“宋皇贡茗”蕴含的丰富生态内涵。通过建设竹子生态文化园，延续传统的护竹、养竹方式，生产现代高科技竹制产品，将传统与现代结合，使人们全方位了解安吉竹资源的利用和先进的竹制品生产流程，形成使竹制品工艺得以永续传承，现代科技得以普及推广的竹资源生态文化展示区。通过建设茶叶生态文化园，将白茶种植园及其生产工艺作为一项特色产业和民族传统工艺加以保护和展示，通过对安吉白茶的培植、移栽、管理、加工、包装等进行深入研究，使传统制茶工艺和特色产品，在原有的基础上得到进一步提升。此外，安吉生态博物馆还将按照不同性质、不同环境、不同功能，形成各具特色的历史文化区、自然生物区和现代生态区，形成独具“安吉地方感觉”的生态博物馆模式。

六是提倡对文化景观实施居民自我保护。生态博物馆是由遗产地居民群体共同意愿决定“照料自己的区域”，其内容包括社会、文化、环境和经济发展。生态博物馆具有凝聚社区民众的力量，这是建立有效的、可持续发展的文化社区的一项必要条件。安吉生态博物馆建设将尊重当地民众的共同意愿，包括民众广泛的共同目标，共同的价值观，过去、当前和未来的共同生活方式。通过生态博物馆，使当地民众能够实现设想、自我体验，并按照自己的愿望提出发展诉求，使当地政府的发展设想与当地民众的发展愿望有机结合。当地民众是自己文化的主人，是文化景观的重要组成部分和保护的重要力量，因此必须充分尊重和激励社区民众的民主参与意识，维护文化景观发展途径的多样化，通过宣传普及和情感交流，确立和增强社区民众的文化认同感、文化自豪感和文化自觉性，实现全社会积极参与的生态博物馆建设体制。

安吉生态博物馆将以持久保护文化与自然遗产为目的，吸引多方目光聚焦安吉文化特色。在安吉生态博物馆中，自然风光、文物古迹、传统民居、生产用具、生活用品、民间习俗等，物质与非物质的所有文化内容，都被赋予了积极的含义。与此同时，当地的民众利用生态博物馆这一方式来保护自己的文化遗产，并利用这些文化遗产来创造未来，增进人们对自己文化的了解，增强自信心和自豪感。如今，安吉作为著名的生态县，连绵不绝的竹海，郁郁葱葱的树林，清澈见底的溪流，朴实无华的民居，村在林中，林在村中，成为一个美丽的大花园。“安吉模式”也将成为文化遗产保护与富民强县有机结合的典范。在这里每个村镇都深入挖掘自身文化内涵，将“家园”与“田园”相结合，整合丰富的文化元素，彰显特殊的文化魅力。例如迂迢村建村已有数百年历史，书画文化源远流长，如今这里成为书画家云集的园地，全村有书画爱好者 500 多人，有着浓郁的人文气息。剑山村农庄的建筑风格颇具特色，随处可见石头的墙、石板的房顶，就连一些用具也是由石材制造，例如石桌、石凳、石磨、石碾、石槽、石臼，特别是用砾石建起的石屋冬暖夏凉、舒适宜人。石岭村在 5 公里长的山路边布满 2000 多株紫薇花，村里又采购了鲜花种子，分给每个农户，使全村成为处处是美景、家家是精品的生态景区。

20 多年前，安吉民众为守着满山翠竹受穷而苦恼。“1984 年这几亩竹林地承包时，竹子运到上海做建筑脚手架，100 斤才 8 块钱，每年也就有三四千块钱的收入”。如今，安吉的满山翠竹已经成为农民家门口的“绿色银行”。通过竹子加工提高附加值，让丰富的竹子资源产生更多的效益。安吉竹子产品涉及竹板材、编织、竹纤维、工艺品、医药食品、生物制品、竹工机械等七大系列 3000 余个品种。2009 年，全县竹子产业从业人员 4.5 万人，竹子产业为全县农民平均增收 6500 元，占农民收入的 60%。种竹、育竹、游竹、听竹、画竹、论竹、吃竹笋、穿竹衣、用竹家具，勤劳智慧的安吉民众用小小的翠竹撑起了一个巨大的竹子产业。同时，全县以游竹海、住农家、沐浴森林、品味山水为特色的“农家乐”休闲游活动方兴未艾。如今安吉有500多家“农家乐”，建成了一批以山林体验、民俗风情、自然景观为特色的山村休闲旅游群落。近年来，安吉的文化旅游人次、门票收入、旅游收入每年都以40%以上的速度递增。2009年，全县接待游客544万人次，专职从事“农家乐”的农民达到了1.8万多人。安吉农民人均收入，已经高出浙江全省平均水平。[①] 如今在安吉，视生态环境与文化资源为发展之命脉的理念已经深入人心，并体现于经济社会发展的方方面面，成为建设安吉生态博物馆的重要社会基础。

我国自古以来十分重视天人关系，注重对生态环境的保护。面对日益严峻的生态环境，认真整理、总结和研究有关敬重生命、爱护环境和珍视资源的文化思想与观念，继承这份宝贵的文化遗产，特别是汲取其中积极、合理的成分，对于保护生态环境，促进可持续发展，具有十分重要的现实意义。文化多样性与生态多样性一样，都是人类生存、发展、繁荣的宝贵资源。文化多样性是人类社会的基本特征，也是人类文明发展进步的动力。任何一种文化在历史发展长河中，不可能自我封闭，而是在相互交流中保护自己的文化特色，在竞争和比较中取长补短，在求同存异中共同发展。文化多样性体现于各民族、各地区文化的个体性、独特性。我国有56个民族。但是，中华民族文化不是56个民族文化加在一起的总称，而是各民族、各地区文化在数千年的历史发展中逐步交融、整合而形成有机的文化整体。每个民族都有自己的文化背景和文化特色。各民族、各地区在长期的文化互动、交流中形成同质化和一体化文化现

① 郑北鹰：《安吉比熊猫更爱竹子》，载《光明日报》，第6版，2010-7-22。

象，并逐步整合成为具有共同价值取向的中华民族传统文化。保护中华民族传统文化，不仅要保护汉民族的文化，更要保护少数民族文化，保护各民族的文化，最主要的是保护各民族的宗教信仰、风俗习惯、文学艺术、工艺技术等物质与非物质遗产。

关于加强生态博物馆、社区博物馆、数字博物馆建设的提案①

（2011 年 3 月）

博物馆作为人类文明记忆、传承、创新的重要基地，不仅要记录过去，还承担着反映现代和未来发展的重要职责，应该是城市文化进步、加强社会教育、改善民众生活、促进社会发展的积极力量。

今天，城市化进程加速，大规模城乡建设持续展开，人类社会珍贵的文化记忆在以前所未有的速度消失。面对环境的变迁和社会的期待，近年来，生态博物馆、社区博物馆、数字博物馆等类型博物馆逐渐兴起，博物馆已不再囿于传统框架，而是积极创建和拓展出更广阔的空间和更宽阔的领域，进一步拉近与社会公众的距离，亲和力和影响力显著增强。

生态博物馆产生于 20 世纪 70 年代，是对自然环境、人文环境，物质遗产、非物质遗产进行整体保护、原地保护和居民自己保护，从而使人、物与环境处于固有的生态关系中，并和谐发展的一种博物馆新理念和新方法。目前全世界的生态博物馆已发展到 300 多座。

1995 年，中国第一座生态博物馆梭嘎苗族生态博物馆建立。经过 10 余年的发展，贵州、云南、广西、内蒙古等地建立了约 30 座

① 此文为在全国政协十一届四次会议上的提案，联名提案人：夏燕月 董良翚 宋祖英 侯露 宋春丽 张国勇 田青 郭瓦加毛吉 陈醉 阿拉泰 张会军 王书平 詹祥生 耿其昌 张健 赵维绥 张海 尼玛泽仁 杜滋龄 李素华 王霞 于魁智 林文增 徐翔 陈力 贾平凹 黄济人 杨力舟 龙瑞 冯英 仲呈祥 张学津 黄宏 陈维亚 刘敏 姜昆 王立平 秦百兰 马博敏 朱乐耕 吴玉霞。

生态博物馆，为西部地区文化遗产保护和博物馆发展开辟了一条崭新的道路。目前东中部一些文化遗产资源丰厚、经济基础较好的地区，也开始了生态博物馆建设的探索，通过寻求城市化、新农村建设中文化遗产保护和博物馆工作的有机结合，走出一条有别于我国西部生态博物馆的建设道路。例如正在筹建中的浙江安吉生态博物馆，就为经济社会转型时期的东部地区乃至全国范围内生态博物馆的建设，提供了良好的经验借鉴。

社区博物馆产生于20世纪中叶，是对特定区域内的文化遗产进行整体保护的一种博物馆实践，它的建立可以加深社区居民对所处自然环境、人文环境等的理解和尊重，激发地域自豪感，并进行自发保护，充分享有社区文化资源，使人、物和环境处于和谐的关系中。1995年挪威斯塔万格国际博物馆协会第17届大会、1997年菲律宾马尼拉国际博物馆协会亚太地区第6届大会、2001年“5·18国际博物馆日”都将社区博物馆作为探讨的主题，说明博物馆与社区之间的关系已经成为21世纪博物馆发展的方向之一。

近年来，我国也开始了社区博物馆的探索，北京、天津、南京、杭州、福州等地已经出现了多个社区博物馆的建设实践。例如福州市三坊七巷社区博物馆，以整个三坊七巷为依托，通过科学研究、合理规划、有效展示，保护了社区独特的地域文化与民间非物质文化遗产，为我国社区博物馆建设提供了良好范例。

数字博物馆在20世纪90年代开始兴起，一些信息科技大国和重视文化传统的国家都非常重视数字博物馆的建设和推广工作。数字博物馆创新了博物馆文化传播的内容、形式和手段，它将分散收藏的文物信息以生动的、交互的、现代化的手段集中展示出来，实现了文物信息的资源共享、有效利用和科学管理，为不同用户提供数字化的展览展示、文化交流、科学研究、教育培训和游戏娱乐等服务。数字博物馆不仅包括丰富的数字化资源库，而且充分利用音频、视频、动画，设计出具有高度亲和力的用户界面，促进资源整合和技术交流。

2001 年，财政部、国家文物局联合开展“文物调查及数据库管理系统建设项目”，截至 2010 年 8 月底，共完成了 31 个省（自治区、直辖市）2 677 个文物收藏单位馆藏珍贵文物的数据采集工作，数据总量达 15.16TB，摸清了全国文物系统馆藏珍贵文物家底，有力地推进了我国馆藏文物数字化，为国家全面掌握文化资源，有效保护和合理利用文化资源提供了有力的数据支撑。

当前我国进入全面建设小康社会的关键时期，博物馆必须对城市化、信息化和全球化做出积极回应，生态博物馆、社区博物馆、数字博物馆逐渐成为我国博物馆体系的重要组成部分，加快发展生态博物馆、社区博物馆、数字博物馆，对于创新博物馆文化的展现方式，提高博物馆文化的服务能力，满足公众文化需求的多样化，具有十分重要的意义。为此建议：

一、请国家发展改革委研究制定建设和发展生态博物馆、社区博物馆、数字博物馆的专项规划，纳入国民经济和社会发展“十二五”规划以及国家文化建设“十二五”规划。

二、请财政部研究设立生态博物馆、社区博物馆、数字博物馆发展专项资金，并给予政策性扶持。

在中国安吉生态博物馆揭牌仪式上的讲话[1]

（2011年7月15日）

浙江中国·安吉生态博物馆揭牌仪式

今天我们相聚在美丽的浙江省安吉县，共同见证我国东部地区首座生态博物馆——安吉生态博物馆揭牌。

当前，随着城市化进程加速，大规模城乡建设持续展开，文化遗产及其生存环境受到严重威胁。生态博物馆是一种通过村落建筑格局、社会风貌、民风民俗、民间工艺等传统文化和生态环境的综合保护和展示，整体再现人类文明的发展轨迹的新型博物馆。

安吉地处东部发达地区，作为全国文物工作先进县和国家生态县，拥有丰富的文化遗产、民间民俗文化资源和良好的自然生态环境。近年来，在浙江省文物局以及湖州市的支持下，安吉县委、政府高度重视文化遗产保护工作，努力把文化遗产保护和美丽乡村建设、经济发展与生态文明建设有机融和，积极探索实践生态博物馆之路，安吉民众也以极大的热情自觉投身乡村文化保护展示。

从几年前安吉生态博物馆相关概念的提出，到今天已经取得了令人振奋的阶段性成果，中心资料馆落成，即将开展陈列布展工作，白茶、书画等文化专题馆以及 20~30 个具有鲜明特色的村落文化展示馆（点）先后开放，初步形成了安吉生态博物馆的架构，并在不断完善。

安吉生态博物馆的揭牌，标志着博物馆进入了新的发展阶段。我们相信，安吉生态博物馆一定能够抓住机遇，遵循生态博物馆的规律和基本原则，结合实际情况积极探索，勇于实践，不断拓展视野和工作思路，进一步完善“政府领导，专家指导，居民主导”的建设模式，加强文化遗产的整体性、原生态保护，加强科学研究和人才队伍建设，提升展示教育和社会服务能力，为全面提升地方文化遗产保护利用水平，促进地区经济社会可持续发展，做出积极的贡献；同时不断积累经验，为经济社会转型时期的东部地区乃至全国生态博物馆发展，发挥重要的借鉴和示范作用。

实现原生环境保护的生态博物馆[①]

（2011年7月）

近现代公共博物馆诞生以来，曾经高扬“科学”“民主”的旗帜，例如法国卢浮宫的理念是“艺术属于全体人民”，美国史密森尼学会的宗旨是“在民众中间积聚和传播知识”。进入20世纪，由于工业社会对农村生活的侵蚀，由于战争对民族文化和文化设施的破坏，博物馆逐渐进入专业化和职业化阶段，历史导向、学术研究和业务规范成为博物馆工作的主流。这些做法虽然有利于博物馆一些基础工作的加强，有利于博物馆的规范管理，但是也将博物馆从“创新”转向了“保守”，导致博物馆工作的“学术导向”“藏品导向”和“内部事务导向”。20世纪30年代形成的“经验博物馆学”是以藏品的管理、研究和利用为核心，其视角是“精英”，其核心是“理性”，其基础是“经验”，其导向是“历史”，博物馆更将自己归属到社会精英和高雅文化的领域中，在博物馆自身与民众、社会之间划了一条鸿沟。事实上，博物馆自诞生以来，对其是保护文化遗产还是破坏文化遗产的争论便从未停止。批评者认为博物馆把艺术与历史遗物从它们的原生地移走，放置在展厅中，切断了历史传统的生命血缘与整体社会文脉之间的联系，失去了相互之间关联性，

① 此文发表于《中国建筑文化遗产1》天津大学出版社2011年7月版，第24页，《中国建筑文化遗产1》2011年9月版，第40页。

也就失去了文化的意义。“从嘉特梅贺（A.C.Quatremère）①、黑格尔、尼采、杜威到海德格尔、孟洛庞提（Merleau-Ponty），他们的论述中都哀叹艺术与其生存环境分离的责任应由博物馆承担”②。

自从德国动物学家 E. 海克尔（E.Haeckel）将“研究有机体与环境相互关系的科学”命名为生态学以来，作为一门年轻而充满朝气的科学，生态学与人们的社会生产生活息息相关。随着人类活动对生态环境的改变，使人口、环境、资源间的矛盾日益尖锐。于是，人们试图用生态学的观点来认识人与自然的关系，树立起新的生态价值观，认识到人类只是生态系统中的一部分，人类社会应该进入一个用生态文化适应新环境、建设新社会的时代。生态文化是人与自然协同发展的文化，其内容包括生态意识、生态哲学、生态伦理、生态美学、生态艺术等诸多方面。③在生态博物馆的概念产生之前，曾出现过一些新型博物馆的形态，例如产生于 19 世纪末的瑞典斯坎森露天博物馆。20 世纪初，北欧国家还曾出现过保护乡土文化的“活态博物馆”运动，其特点是以一个特色文化乡村为核心，将其视为一个活态的天然生态博物馆。在这个文化空间里，当地的文化节日、集市贸易、婚丧嫁娶、民居民宅、表演游戏、歌舞弹唱、玩具器物等各种可移动与不可移动文物、有形与无形遗产都是其组成部分和表现形式，借以弘扬当地传统文化④。1956年，日本建立了第一个户外民俗博物馆，即日本民家聚落博物馆。随后，户外博物馆开始出现在日本各地，注重保存在建筑和民俗方面具有重要意义的民

① 法国第一位反对博物馆的理论批评家。
② 尹彤云：《从物到文化遗产：传统博物馆发展的新趋向》，载《文物世界》，2006（5），66 页。
③ 周鸿：《生态文化与和谐社会》，载《光明日报》，第 9 版，2006-7-24。
④ 向云驹：《原生态文化是生活中的文化》，载《中国艺术报》，第 6 版，2007-6-15。

间文化遗产。

菲律宾拉瓦格市北伊罗戈博物馆

生态博物馆的概念及其实践，首先诞生于20世纪70年代的法国，随后才在欧洲获得迅速发展。“生态博物馆”一词来自于法语écomusée，是生态和博物馆概念的结合。任何重要概念的产生，都有一定的历史和社会背景。第一代生态博物馆是在法国博物馆学界两位承前启后的开创性人物G.H.里维埃（G.H.Rivière）和H.戴瓦兰（H.de Varine）的推动下得以实现。在G.H.里维埃的指导下，以人与环境的紧密结合为特征，于1967—1975年创建了法国地方公园系统。在H.戴瓦兰的指导下，于1971—1974年在法国勒特索煤矿区建立的生态博物馆，开创了工业社区建立生态博物馆的先河。1974—1979年在G.H.里维埃的推动下，在加拿大法语区魁北克开辟了新的实验区，将生态博物馆的概念扩大到小型社会的整体，被称为“社会生态博物馆”。[①]1968年，G.H. 里维埃强调指出，民族学博物馆的目标是在世界历史的框架中建立人与自然的联系，他关于民族学博物馆的任务和陈列思想中已蕴含了“生态博物馆”的基本思想，即博物馆不能脱离社会发展实践，要与社会发展同步，要为社会发展服务，要根据社会发展需求重新认识和定位博物馆藏品的作用，要发挥博物馆的特长，为广大民众服务，努力增加广大民众的福祉。[②]

1971年8月，国际博物馆协会第9次大会在巴黎举行，这是一次被称为试图定位当代博物馆社会地位与角色的重要会议，新思维、新观念正在改变世界及博物馆。会议做出了修改博物馆定义的决定，增加了博物馆是公共机构的一部分的观念。来自非洲和拉丁美洲的代表，阐述了自己国家和民众的文化特点和当代需求，强烈表达出建立和发展非欧洲式博物馆模式的愿望。来自贝宁的博物馆学家认为，博物馆没有投入到当代世界中去，没有真正成为客观存在的一部分，所有国家的博物馆都是高人一等的，对于大多数民众没有多大用处，博物馆是过时的事物应当消失。G.H. 里维埃和 H. 戴瓦兰为法国首任环境部长 R. 普杰（R.Poujade）的主旨发言而创造的“生态博物馆”一词，成为了一场博物馆革新运动的标志。面对来自世界各地的500多位博物馆学者和博物馆工作者，R. 普杰指出，“我们正在向一些人所说的生态博物馆方向发展，这是一个动态的路径，通过它，公众首先是年轻人将能够重新认识人类、人的占有物及人的环境的基本原理的演变”，他公开地将博物馆与环境联系起来，并

① 鲁娜：《“中国民居五书”：记录的不仅仅是建筑》，载《中国文化报》，第10版，2010-6-3。

② 宋向光：《生态博物馆理论与实践对博物馆学发展的贡献》，见《2005年贵州生态博物馆国际论坛论文集》，

提出了“生态博物馆”的概念，指出要建立一种与传统博物馆完全不同的新型博物馆，寻求掌握未来的各种文化和物质手段，服务于整个人类。生态博物馆概念的提出及其实践，是博物馆发展历史上重要的里程碑。

1972年，法国环境部和国际博物馆协会法国委员会在波尔多召开了“博物馆与环境”专题国际研讨会，会议认为一个博物馆必须努力与其服务的社区实现完全的和谐共生，并确认与环境有着特殊关系的一种新型博物馆可称之为生态博物馆。1974年6月，在丹麦哥本哈根召开的国际博物馆协会第10届全体会议上，“为社会和社会发展服务”的理念，被纳入博物馆定义之中。国际博物馆界出现的生态博物馆运动，是一场文化复兴运动，是对近现代公共博物馆基本理念的回归，是对后工业化社会反思的结果。伴随城市化的迅速推进，工业社会的生态危机日益加深，带来了许多人意想不到的“城市病”：交通堵塞、环境污染、资源枯竭、贫富差距加大、犯罪率高以及人生观、价值观的扭曲和道德水准的下降，使后工业社会陷入层层的困境之中而不能自拔。生存环境的日益恶化，生活质量的日益低劣，机器产品的日益泛滥，居住环境的日益拥挤，人们开始厌倦城市，崇尚自然，向往乡村的宁静生活，萌发回归自然的情感与行动，追求一种朴素的社会生态，出现反城市化的潮流。因此许多城市居民开始摆脱喧闹和污浊的城市中心，回归到景色自然的乡村和朴实无华的小城镇，城市空心化现象逐渐呈现。在这一情势下，生态博物馆的产生是博物馆事业对社会发展的时代响应，成为促进人类社会现代生态意识和现代环境意识不断觉醒的积极力量。

生态博物馆开启了博物馆学研究的新领域。生态博物馆的实践力求积极响应社会发展的需求，力求使博物馆成为所在地民众实现发展的手段和工具。G.H. 里维埃在 1985 年，曾将生态博物馆定义为：“生态博物馆是由公共（或地方）权力机构和当地人民共同设想、共同修建、共同经营管理的一种工具”，他在文章中指出，生态博物馆像一面镜子，当地民众可以通过这面镜子照出自身的形象，通过这面镜子追寻到当地的历史演变。也就是说，生态博物馆是当地民众树立在游客面前的一面镜子。[①]“正如传统博物馆的诞生，是少数精英人士将自己的收藏转化为博物馆或向普通民众开启大门一样，但在相当长的时期里，民众眼中的博物馆依然是上层社会的俱乐部”[②]。他认为如果博物馆被赋予社会责任和可持续发展的作用，那么它必须根植于它的社会，“只有这样，博物馆才能真正深层表现传统社区，传统社区才会真实直接反映于博物馆中，使得博物馆的社会责任能够交互地表现出来”[③]。生态博物馆在结构上还原了被传统博物馆生硬分离了的物和它的原生环境，使之具有整体认知感。K. 赫德森（K.Hudson）在《有影响力的博物馆》一书中，曾评价生态博物馆给世界博物馆带来的最为重要的影响，正在于这种让地方的人们参与规划的“双向沟通的制度”[④]。

由于生态博物馆具有传统博物馆所缺乏的性质，并顺应了当代人类生态环境保护意识日益觉醒和高涨的潮流，顺应了当代要求文化遗产权益回归原生地和原住民的呼声，顺应了人类要求协调和可持续发展的愿望，因而其理论创新与实践创造在欧洲和美洲等许多

① 海伦娜·弗里曼：《没有围墙的博物馆》，载《国际博物馆》，2006（2），55 页。
② 黄春雨：《理想与现实——生态博物馆必须的对接》，见《2005 年贵州生态博物馆国际论坛论文集》，62 页，北京，紫禁城出版社，2006。
③ 杰拉德·柯赛：《从“向外延伸”到“深入根髓”：生态博物馆理论鼓励社区居民参与博物馆事业》，见《2005 年贵州生态博物馆国际论坛论文集》，155 页，北京，紫禁城出版社，2006。
④ 张涛：《反思中国第一座生态博物馆的发展瓶颈》，载《中国文物报》，第 5 版，2006-6-23。

国家和地区迅速传播，成为一种保护本国文化形态和本民族文化遗产的有效方式。目前世界上已有300多座生态博物馆。其中，西欧、南欧约有70座，主要集中在法国、西班牙和葡萄牙；北欧约有50座，主要集中于挪威和丹麦；拉丁美洲约有90座，主要集中于巴西和墨西哥；北美洲约有20座。另外，亚洲地区的日本、韩国等也有类似的保护文化生态的形式。由于各国社会、经济、政治、文化、民族、环境、生态等方面条件的差异，各地区的发展面临不同的挑战和机遇，各地民众的需求也不尽相同，这使得与所在地社会发展紧密结合的生态博物馆，呈现不同的组成形态和运作方式。例如北欧突出农业和工业经济的产业型生态博物馆，北美地区则强调民族文化特性的族群型生态博物馆。虽然生态博物馆仍处于试验之中，还有许多理论与实践问题有待解决，但是这种模式所反映出的物质文化遗产和非物质文化遗产之间紧密结合的观念，无疑具有非常积极的现实意义。

世纪之交，人类面临越来越突出的生存问题，例如生态环境的退化、地区差异的加大等，各类全球性的问题和相互联系的危机日益尖锐，这已引起各国政府和社会公众的广泛注意，人们开始对工业革命以来形成的传统的发展观念、模式、道路等进行反思。1999年10月，国际古迹遗址理事会第12次大会在墨西哥通过了《乡土建筑遗产宪章》，这是一部关于文化遗产保护的重要文献。《宪章》阐述了乡土建筑遗产的价值和保护的意义，“乡土建筑遗产在人类的情感和自尊中占有重要的地位。它已经被公认为有特征的和有魅力的社会产物”。《宪章》强调指出：“由于文化和全球社会经济转型的同一化，面对忽视、内部失衡和融合（因而导致彼此的独特性逐渐消亡）等严重问题，全世界的乡土建筑都非常脆弱。”对于乡土建筑的保护，《宪章》提出一些基本原则：应尊重其文化价值和传统特色；需依靠维持和保存有典型特征的建筑群和村落来实现乡土性的保护；不仅包括建筑物、构筑物和空间的实体和物质形态。“应尊重和维护场所的完整性、维护它与物质景观和文化景观的联系以及建筑和建筑之间的关系”。传统建筑体系和工艺技术对乡土性的表现至关重要性，《宪章》认为这些技术应该被保留、记录，并在教育和培训中传授给下一代的工匠和建造者。

美国华盛顿乔治城老房子博物馆

进入 21 世纪，国际博物馆领域推进保护文化遗产的重心转向社区、转向文化原生地的努力不断加强。生态博物馆的理论和实践为此提供了经验，人们通过生态博物馆，探讨与人类有关的自然、社会、历史和文化环境。同时，生态博物馆将促进社会发展视为最重要的职责和基本任务，制定为社会发展服务的明确目标，将生态博物馆与社会条件和发展需求紧密结合起来，充分发挥生态博物馆各项资源对社会发展的作用，从社会发展层面评估生态博物馆社会效能和业绩，在实现社会价值的同时增加生态博物馆的自身价值。通过为社会发展服务，密切关注所在地的特殊社会条件和发展需求，创造性地开展工作，也促进了生态博物馆的多样性，加深了人们对生态博物馆普遍本质和价值的认识。例如意大利乡村“生态博物馆”概念的建立和实践始于2000年，由一些学者与当地政府、社区、文化和旅游协会共同创造设计提出实施方案。其宗旨是力图以保护、创新和可持续利用自然环境和文化遗产的方式，将当地的自然环境、文化遗产和民众的生产生活方式一体化地、整体互动地，展示给意大利国民和外来参观者，借此保护乡村的自然生态和人文景观，进行爱国主义的教育。乡村“生态博物馆”实施以来，受到国民的普遍关注，并且吸引了大批国内外游客，受到当地政府的大力支持[①]。

意大利乡村“生态博物馆”的建立，不仅仅是为了促进旅游，更重要的是让人们记住意大利的历史和文化，通过一个个具体村庄的历史和文化，让青少年知道自己故乡的历史，了解祖先们曾经历过的生活和走过的道路，了解他们所创造的物质和精神文化。乡村内也建有室内博物馆，但是只作为生态博物馆的一个组成部分。室内博物馆的建设风格完全与周围的环境、民居相协调，对当地的自然、历史、文化进行图文并茂的详细介绍，所展示的展品包括考古发掘实物、乡村历史上各种传统生产生活用品、艺术品和手工艺品以及对当地各种野生动物、植物的详细介绍，配有很多精美的照片

① 杨福泉:《意大利乡村“生态博物馆”对云南乡村文化产业的启示》，载《中国文物报》，第5版，2006-6-23。

资料。室内博物馆中制作有影像光碟，多层面地放映自然和人文环境，反映当地社区居民的生产生活，还专门设置展示空间张挂社区儿童们以当地自然景观、文化景观为题材而创作的各种绘画作品。乡村“生态博物馆”更大的展示空间在有形的室内博物馆之外，整个社区生活的自然环境和农牧生活场景都被纳入生态博物馆的视野之中。当地社区的生产方式成为展示的对象，保留了过去各村各户的农地界碑，而过去的牛厩羊圈，成为真实再现过去畜牧生活场景的场所，连当地森林牧场中每一种草的标本都有展示，相关内容标示得十分详细。

意大利生态博物馆

由于气候和环境的关系，不少意大利的山地社区每年以乡村的大本营所在地为核心，以周围山林牧场为半径，进行周期性的流动农牧活动。例如每年3月至7月，村民就赶着牛羊，举家搬迁到草青林茂的林中居所。村庄民众过去的农牧生活，盖木板瓦的木楞房、各种农具、制作奶制品的器具、厨具炊具等皆完整地保留着，同时还保留着村庄民众的家庭生活场景，例如菜地、猪圈、水井、室外喂猪的地方和猪食槽等以及村庄民众伐木用的斧头锯子、用水力来进行锯木的水车等，都如实地展示，并且还可以进行演示，使参观者能够领略到村庄民众各种真实的生活情景。有的乡村“生态博物馆”还包括“艺术和工艺园”，里面陈列着村庄里各种传统的工艺品和制作工艺品的工具，例如木纺织机、酿酒器具等。还专门为参观者设计了非常详细的各种徒步参观路线，除了可以到达当地各个自然景观、文化景观，还普遍设计出与宗教信仰相关的文化路线，作为生态博物馆的组成部分，内容主要是反映村庄民众的宗教信仰生活，包括教堂、村庄民众在随季节迁移过程中所用的路旁祭坛、民间信仰中的神山等，还包括村庄民众收藏的各个时期的宗教绘画、雕塑作品、宗教装饰品、圣经等，包括文艺复兴时期的各种宗教题材的艺术品。①

古代形态的博物馆在我国有着悠久的历史，而近代形态的博物馆则是从西方传入并得以逐渐发展。我国博物馆界自20世纪80年代开始，关注国外生态博物馆的理论与实践。1986年，生态博物馆的理念开始在国内传播，例如在《中国博物馆》学术季刊上，开始引进国际生态博物馆的思想和实践经验，包括介绍生态博物馆理论的一些重要论文，并发表了我国博物馆理论界对生态博物馆的讨论文章。此后，我国博物馆界开始与国际同行合作，引进生态博物馆模式并使之中国化，苏东海先生对此做出了重要贡献，他曾对生态

① 杨福泉:《意大利乡村“生态博物馆”对云南乡村文化保护和发展的启示》，见《2006·中国昆明亚洲博物馆馆长和人类学家论坛文集》，146页。

博物馆做出如下定义："生态博物馆是对自然环境、人文环境，有形遗产、无形遗产进行整体保护、原地保护和居民自己保护，从而使人与物与环境处于固有的生态关系中，并和谐的向前发展的一种博物馆新理念和新方法"[①] 在我国，生态博物馆格外关注人类学资源丰富和民族、民间、民俗文化独特的少数民族地区。生态博物馆的实践首先选择了西南地区的贵州，该省境内现有苗族、侗族、布依族等 19 个少数民族，大多生活在比较偏僻的山区，对外联系较为不便，因而生活方式、民间习俗和文化观念等受外界影响较小，民族文化保存较好。同时，当地气候温暖，山清水秀，大片的原始森林和奇特的喀斯特地貌构成一幅幅人间仙境般的画面。独特的民族文化加之得天独厚的自然环境，具备发展生态博物馆的良好基础。

1992 年，"世界环境与发展大会"通过了《里约热内卢宣言》和《21 世纪议程》两个纲领性文件，使生态学成为一个流行的话语。在我国，1993 年，吴良镛、周干峙、林志群在分析当时建设事业的形势和问题的基础上，正式提出建立"人居环境科学"，着重探讨人与环境之间的相互关系，强调把人类聚居作为一个整体，而不像城市规划学、地理学、社会学那样，只涉及人类聚居的某一部分或是某个侧面。学科的目的是了解、掌握人类聚居发生、发展的客观规律，以更好地建设符合人类理想的聚居环境。"人居环境科学"认为，"人创造人居环境，人居环境又对人的行为产生影响"[②]。就像世间万事万物都在不断变化一样，民族文化也处在永恒的变化过程之中。每一个民族都有自己独特的文化，每一种文化也都有自己独特的价值，没有高低优劣之别，世界上从来就不存在，今后也不会存在一种超然的可以衡

① 张涛：《反思中国第一座生态博物馆的发展瓶颈》，载《中国文物报》，第 5 版，2006-6-23。

② 吴良镛：《人居环境科学导论》，24 页，北京，中国建筑工业出版社，2001。

量民族文化优劣的价值标准。因此，必须平等地看待每一个民族的文化，对之采取尊重、宽容乃至欣赏的态度，也就是费孝通先生晚年反复强调的16字方针:“各美其美，美人之美，美美与共，和而不同”。[1]在这一背景下，生态博物馆成为提高人们的文化意识，保护文化遗产所在地的自然环境，促使人类社区可持续发展的积极力量。

1995年,《在贵州省梭嘎乡建立中国第一座生态博物馆的可行性研究报告》提出，得到了我国政府的重视和挪威政府对这一项目的支持，并纳入了《1995至1996年中挪文化交流项目》之中。随后，建立梭嘎生态博物馆项目获得了贵州省政府和国家文物局的批准。梭嘎生态博物馆建在贵州省六盘水市六枝特区的深山中，这里居住着一支远离外界，仍然生活在自然经济和传统文化中的苗族群体。这里山高缺水，每年有三个月要到山下背水，生产、生活十分艰苦。在建立生态博物馆时，当地仍保存和延续着自己独特的文化传统。这种文化非常古朴，有十分平等的原始民主；有十分丰富的婚嫁、丧葬和祭祀的礼仪；有别具风格的音乐、舞蹈和精美的刺绣艺术。但是他们没有文字，靠刻竹记事，过着男耕女织的自然经济生活。这一生态博物馆社区内分布有12个行政村寨，社区总面积达到120多平方公里。1998年10月，梭嘎生态博物馆及资料中心建成开放，成为我国第一座生态博物馆。此后在贵州又相继建立了花溪镇山布依族生态博物馆、锦屏隆里古城生态博物馆、黎平堂安侗族生态博物馆等，初步形成了贵州民族文化生态博物馆群。它们不仅代表4个不同区域的民族，而且具有不同环境和不同的挑战。当地民众以对自己传统文化的固有感情，对脱贫致富和对外界的向往，

① 郭家骥：《云南少数民族文化保护问题的若干理论思考》，见《中国昆明 亚洲博物馆馆长和人类学家论坛文集》，224页，2006。

热情地支持和参与生态博物馆的建设和实践。

生态博物馆的思想产生于欧洲的后工业社会之中，是一种深刻的理念，不可能在距离这个时空十分遥远的我国民族村寨中自发产生。在我国，在这些正在努力摆脱贫困的村寨中建立生态博物馆，就是为了保护文化传统的多样性，使这些民族村寨在现代化过程中不会丧失自己。但是，要使村庄民众接受生态博物馆，需要走很长的路，进行中国化、本土化的实践。所谓中国化、本土化就是和我国乡村的实际相结合。在梭嘎生态博物馆创建之初，就把帮助民族村寨“脱贫”作为第一任务，因为村庄民众是重视眼前利益的，衣不蔽体、食不果腹是无暇顾及文化的。如果人们必须外出谋生，就是建立起生态博物馆也难以巩固。“这也就是国际上的文化生态保护区之所以不容易长期维持的原因，美国印第安人、爱斯基摩人保留地如此，新西兰毛利人保留地亦如此”。所以生态博物馆首先做的是运用挪威政府的捐款和我国政府的拨款，进行引水上山、引电上山的工程，并修筑了出山的道路。村庄民众的生活和生产条件得到改善，村庄民众开始接受生态博物馆的项目，随后生态博物馆又采取以工代赈的办法，由村庄民众用自己勤劳的双手建设生态博物馆资料信息中心、文化活动中心，然后再培训村庄中的年轻人运用照相、摄像、录音等技术开展文化记忆工程。生态博物馆的价值开始逐步实现，村庄民众的文化主人地位也开始得以实现。

从此，生态博物馆逐渐成为了提高民众文化意识，保护文化遗产所在地自然环境，促进社区可持续发展的积极力量。2001 年在内蒙古建立了中国北方地区第一座生态博物馆，敖伦苏木草原文化生态博物馆，2003 年 12 月，广西第一座生态博物馆，南丹里湖白裤瑶生态博物馆展示中心在怀里村奠基。由于历史、传统与自然环境等方面的原因，怀里村目前仍保存、延续着白裤瑶极为独特、完整和丰富的传统文化，包括染织文化、礼仪文化、制度文化、铜鼓文化、丧葬文化、建筑文化等，均表现出与众不同的特色。从某种意义上，体现出广西境内处于封闭、偏僻的自然地理环境中，独立、缓慢发展的少数民族文化的特点，而与之相伴的则是当地经济发展的相对落后，民众生活水平的相对低下，民族文化保护状况较为脆弱，在这样的条件与背景下建设民族生态博物馆，探索在落后地区保护与传承民族文化，促进当地经济社会的协调发展，具有深远的实践意义。2006 年，在我国云南省西双版纳地区建立了布朗族生态博物馆。近年来，新疆、福建、湖南、黑龙江等地也陆续提出建设生态博物馆的目标和构想。我国的少数民族地区有着经济落后、文化丰富的特点，正是保护文化多样性的重要地区。这些已经建成的生态博物馆，开始承担保护苗族、布依族、侗族、瑶族、蒙古族、汉族等多种文化的任务。

广西南丹里湖白裤瑶生态博物馆

我国生态博物馆从传统博物馆中走出来，在文化的原生地建立了第一代生态博物馆，突破了传统博物馆的局限性，弥补了传统博物馆的缺陷，实现了文化保护社区化和民主化的博物馆新理念。生态博物馆的理念在我国博物馆界得以传播的背景是，一方面我国正处于城市化、工业化的进程中，社会经济迅速发展，但是先进国家工业化带来的生态失衡和环境破坏也开始在我国重演，并且有越来越突出的表现，因此生态平衡和环境保护日益为我国社会各界所关注，在此背景下，我国博物馆界开始关注国际生态博物馆运动。另一方面，20 世纪 80 年代开始，整体保护文化遗产的观念开始萌芽，到 20 世纪 90 年代，结合引进国际保护文化遗产的理论和实践，有了进一步的发展。同时，这一时期我国博物馆发展进入新的高潮时期，当时我国博物馆已经发展到 1000 多座，博物馆界也迫切需要寻找扩大保护文化遗产，更加有效服务社会的新形式。“生态博物馆就是一种补偿传统博物馆缺陷的新形式”。生态博物馆的方法不是要增加一座新的博物馆，而是要使整个社区和它的周围环境一起构成场所型的生态博物馆。在生态博物馆的范围中，可能有若干个自然村，还可能打破行政区划的界限，包括同一“文化色块”的更广阔的区域。

多年来，学者们对生态博物馆的性质、信念、价值观、目的、特点、工作方法、组织建置和管理体制等课题进行了多方面的阐释和讨论。概括而言，生态博物馆具有以下一些鲜明的特征，一是对自然环境、人文环境、有形遗产、无形遗产的整体保护与展示；二是强调原地保护展示和当地社区、居民的参与；三是在发展中保护，即注重社会文化、环境的和谐与发展。针对我国第一座生态博物馆创造的经验，项目科学顾问 D.M. 布斯特（D.M.bust）先生和我国同行一起研究提出了《六枝原则》。这些原则包括：①村民是其文化的主人，有权认同与解释其文化；②文化的含义与价值必须与人联系起来，并应予以加强；③生态博物馆的核心是公众参与，必须以民主方式管理；④旅游与保护发生冲突时，保护优先，不应出售文物，但鼓励以传统工艺制造纪念品出售；⑤避免短期经济行为损害长期利益；⑥对文化遗产进行整体保护，其中传统技术和物质文化资料是核心；⑦观众有义务以尊重的态度遵守一定的行为准则；⑧生态博物馆没有固定的模式，因文化及社会的不同条件而千差万别；⑨促进社区经济发展、改善居民生活。这些实践原则的产生是为了更好地在文化原生地保护文化，更好地尊重村民的主人地位。

纵观国内外生态博物馆的建设实践，可以认为生态博物馆是博物馆的新类型，是传统博物馆概念的延伸，是传统博物馆功能与界限在特定条件下的扩展。生态博物馆并没有更新或颠覆传统博物馆的概念，它也是保存、陈列、研究物质文化和精神文化遗存以及自然标本的文化教育事业机构，它也是一个文化教育的工具。从概念的延伸来说，它增加了“文化原生地保护”“居民自主管理和保护”“文化原生环境一体保护”等内涵，它是保存、陈列、研究形式的改变，而不是概念的更新，更不是颠覆。[①] 但是，生态博物馆在形式上，打破了博物馆机构与环境之间的障碍，管理者和观众之间的障碍，博物馆内外物品之间的障碍，可移动与不可移动物品之间的障碍以及信息与实物之间的障碍，是一种保护、展示、宣传和生活方式的综合体。生态博物馆的建立，不仅使人们对文化遗产的权衡、取舍、保护、展示更加科学，也更加注重过程性。生态博物馆理论的出发点，不是要当地民众与他们的文化相分离，而是基于社

① 莫志东：《生态博物馆的实践需要宽容》，载《广西文化》，2007（3），29页。

区民众的文化理念建设自己的未来，当地民众的精神寄托在其间得到了淋漓尽致的体现。实践已经证明，生态博物馆是进行民族文化遗产保护与展示、推动当地文化与社会发展的卓有成效的工具，而乡村文化景观更成为生态博物馆理念和实践可持续发展的有力见证。

人类对自身的文化遗产，从任其自生自灭，到开始自发保护，再发展到全球性协作保护；从对有形文化遗产的保护，扩展到对无形文化遗产的保护，这期间经历了十分漫长的过程，这一过程反映出人类社会对自身文化遗产价值的认识正在逐渐深化。与此形成反差的是，经济全球化的冲击和少数民族地区对自身文化遗产保护意识的缺失，正在加速着民族文化的丧失。由此，保护民族文化遗产已成为世界各国的共识，也成为我国当前刻不容缓的文化战略。生态博物馆的内涵与传统意义上的博物馆有所不同，有着更广泛的含义。传统博物馆是将文化遗产搬到一个特定的博物馆建筑中，与之同时发生的是，这些文化遗产远离了它们的所有者，远离了它们所处的环境。而生态博物馆是建立在一种全新的基本理念之上，即文化遗产应原状地保存和保护在其所属的社区环境之中。因此，生态博物馆不是一座建筑、一组建筑群，而是一个社区。例如贵州黎平堂安侗族生态博物馆的地域概念，不仅指堂安侗寨，而是包括所临近的 8 个侗族村寨组成的生态博物馆社区，约 50 平方公里。从这种意义上讲，社区的区域等同于博物馆的面积。三江侗族生态博物馆，将三江境内苗江 15 公里流域范围内的高定、独洞、座龙、岜团等村寨列入生态博物馆范围，保护范围内侗族传统建筑文化底蕴丰厚，其中包括风雨桥 13 座，鼓楼 26 座。

生态博物馆往往不具有确切的地理分界，可以位于一个聚落、一组村庄、一座城镇，其范围可能是它的核心区域，也可能是它的

贵州堂安侗族生态博物馆

全部。生态博物馆空间的内容“与传统博物馆或遗址博物馆相比则更加复杂，它是自然与人文、有形与无形的结合，包括自然环境的一切因素，生活于其中的人的一切物质生活方面以及人的习俗、传统、观念、仪轨等一系列非物质形态的表现，可以说是一个小型社会——自然的完整系统。整个系统是作为遗产存在的，而内部的各项因素既可以作为单独的遗产存在，又可以作为整体遗产中的一个要素而存在”。[①] 壮族是广西的主体民族，在靖西县旧州街，壮族刺绣、织锦、土司遗存、民居建筑、山歌艺术、壮剧、木雕、节日等民族文化保存的丰富性、完整性使之成为壮族文化的一个典型代表。像这样具有文化多样性和独特性的民族村寨，在我国的边远地区还有很多。在这些生态博物馆中，文化景观、自然景观，不可移动文物、可移动文物，物质文化遗产、非物质文化遗产等一系列要素，

① 刘迪：《博物馆时空刍议》，载《东南文化》，2009（1），83页。

均具有特定的价值和意义。如果说生态博物馆是传统博物馆走出神圣的象牙塔，将博物馆特有的保存与延续理念带入文化和历史得以创造的原初土壤中，那么，将传统博物馆工作的重心由馆藏文物转向内涵更广泛、层面更多样的文化遗产，则是博物馆领域从“馆舍天地”走向“大千世界”的积极实践。

2008 年 10 月，“村落文化景观保护和可持续利用国际学术研讨会”在贵州贵阳召开。会议代表认为，乡村文化景观是自然与人类长期相互作用的共同作品，是人类活动创造的并包括人类活动在内的文化景观的重要类型，体现了乡村社会及族群所拥有的多样的生存智慧，折射了人类和自然之间的内在联系，区别于人类有意设计的景观和鲜有人类改造印记的自然景观，是农业文明的结晶。乡村文化景观展现了人类与自然和谐相处的生活方式，记录着丰富的历史文化信息，保存着民间传统文化精髓，是人类宝贵的文化遗产。乡村文化景观所蕴含的自然和文化多样性是未来理想生活的活力源泉，具有重要的文化象征意义。鉴于乡村文化景观的性质和特征，倡导保护乡村文化景观，应当注重保护乡村赖以生存的田地、山林、川泽及其生态环境，保护村落的居住环境，保护村落文化记忆，保持村落发展的基础和动力，实现自然和文化、物质和非物质、历史和现时的整体保护。鉴于乡村文化景观是长期历史发展过程中形成的，并仍然在继续发展和不断变化，倡导尊重乡村文化景观的演变特性，延续村落的文化脉络，维护现代社会文化多样性。村民是乡村文化景观的重要组成部分和保护的重要力量，重视村落发展诉求，维护乡村文化景观发展途径的多样性。

2009 年 11 月，第二届“中国乡土建筑文化抢救与保护暨建德·新叶古村研讨会”召开，会议归纳出具有典型推广意义的《建德新叶共识》以下简称《共识》。《共识》强调，历史村落保护必须由政府引导、社会参与，把文化遗产保护和民生建设结合起来，在加强文化遗产保护的同时，注意做到自然、文化和社会三个生态环境的和谐。《共识》建议，地方各级政府发布的法律法规和乡规民约相互补充，逐步建立起以适应社区民众自主管理为基础，地方政府以政策配套为支持的历史村落保护法治环境。《共识》提醒，在保护物质文化遗产的同时，注重挖掘、继承和发扬非物质文化，积极探寻历史村落保护与经济社会和生态环境协调发展的模式。严格注意避免那种为了促进旅游而“创新”的伪文化、伪民俗、伪传统的渗透和玷污，避免唯利是图的商业文化对于地方固有物质和非物质历史文化遗产的侵害。会议认识到，历史村落保护是一项文化工程，应该立足于对历史文化的全方位沿承，而不能追求商业开发，对文化遗产造成破坏；历史村落保护也是一项系统工程，不仅要进行核心区的原物、原貌保护，而且要实行外围控制区的风貌保护以及更大范围地进行环境保护；历史村落保护还是一项民生工程，保护历史村落不能简单地对其进行封存，而要有活生生的耕读文化的延续，因此在保护工作中必须充分考虑社区民众的发展问题。

文化是一条流动的长河，处于永恒的变迁过程之中，所有历史积淀的传统都将经过今天的变化而形成新的传统，并成为明天变化的基础。从这个观点出发，任何“静态地”保护民族文化的愿望，都是不可能实现的，不可能将一个地区、一个民族的传统文化原封不动地全盘保护下来，特别是在全球化、现代化加速发展的今天更是如此。因此，只能对每一个民族的传统文化进行价值评估，重点选择那些在各民族的社会生活中仍然发挥着作用的“活态文化”；那些各民族自我推崇、自我评价较高的文化内容；那些对内能促进民族认同、增强民族自信心和自豪感的文化内容；那些对外能代表民族形象、促进民族发展的文化内容；那些有利于生物多样性保护、人与自然和谐相处的文化内容；那些有利于促进各民族经济、社会、文化、生态可持续发展的文化内容；那些有利于民族团结、社会稳定、国家统一的文化内容；那些有利于家庭、邻里、人际关系和睦的文化内容。还要特别关注特色鲜明，内涵丰富，但是在现代化进程中面临传承危机和容易消亡的少数民族文化，即将一个民族最核心的、最能体现其民族特征的、最符合时代要求的、最能实现人与人、人与社会、人与自然和谐相处和可持续发展的文化要素保护下来。①

我国5000年的历史就是一部农业文明史，至今农业人口仍占全国人口的50%以上，农业文化遗产和乡村文化景观是我国文化遗产的重要组成部分。农村社区是有文化的，农村社区文化是在农业生产、农村生活之中，在人与自然亲密接触之中逐渐形成，并由当地民众世世代代传承与弘扬。因此，农村社区文化是最有泥土气息的文化，是最富民间亲情的文化。但是，农村社区文化特有的价值却长期被忽视。同样令人担忧的是，我国农业村落近些年来数量锐减。据中国社会科学院社会学所李培林所长提供的调查数字，从1985年到2001年，在不到20年的时间里，我国农业村落的个数，从94万余个锐减到不足71万个。仅2001年，我国那些延续了数千年的农业村落就减少了25000余个，平均每天减少约70个。为此他撰写了《村落的终结》一书探寻其规律。②生态博物馆是在一个特定的地域内，在相对独立的社区群体中，仍然保持和延续着包括建筑、语言、

① 郭家骥：《云南少数民族文化保护问题的若干理论思考》，见《中国昆明 亚洲博物馆馆长和人类学家论坛文集》，224页，2006。

② 苏东海：《新农村·农村文化·生态博物馆》，载《中国文物报》，第5版，2006-11-17。

服饰、饮食、工艺、知识、信仰、道德、法律、风俗以及生活能力在内的比较完整的文化形态。这样的社区群体有着双重性，一方面，拥有原生态的、唯一性的、独特的传统文化，保存得完整和丰富；另一方面，由于长期封闭，经济十分落后，物质生活条件较差，处于贫困的状况。在这样的农村社区中建立生态博物馆，必然要在保护文化遗产的同时，担负起促进消除贫困的任务。

今天，地球生态系统的变化日趋激烈，陷于恶性循环之中，不可持续的开采、收获、生产与消费模式，导致了气候变化、污染扩大与环境浩劫，并造成了严重的贫穷与疾病问题。人类正面临前所未有的危机，无法再承认不关注可持续发展的贪婪行径。同时，在城市化加速进程中，农业生态文明所面临的巨大危机显而易见。在乡村文化景观中，最基本的要素是传统民居。这些民居建造于自然环境和文化背景之中，不同民族、不同地域的传统民居千姿百态，是人们识别不同乡村文化景观最重要的符号。传统民居的实用性与地域美，都是当地民众千百年来的文化创造。今天，民居的建造、保护与修缮，如果背离了历史文化之根，另搞一套，就必然造成对乡村文化景观和历史文脉的伤害与破坏。一座有着五六百年历史的民族村寨，靠山面水，依山而建，村寨中一条石板路自然曲折延伸到尽端，数条纵向小道与之相连，整个村寨曲径通幽，充满情趣。但是被列为新农村建设的示范村后，拟规划建设纵横交错的“十字街”，将原本完整的村寨人为割裂成四个部分，还要拆掉数十户传统民居。如果这一规划实施，村寨的历史文脉将被肢解和割裂。这种脱离实际、劳民伤财的做法，是对新农村建设的误导。不少地方在新农村建设中推倒传统民居，造起别墅式住宅，结果是客厅变成了储存粮食、放置农具和杂物的仓库，门口搭起了鸡窝、猪圈和牛棚。

2000 年，为了平衡东西部的经济发展，国家推行了西部经济大开发计划。同时也关注到，西部地区是我国自然生态最为多样化，少数民族最为集中的地方，也是文化遗产保存最为丰富的地方。随着我国经济社会快速发展，商品经济的渗透，长期处于封闭状态的民族地区，人们的观念不断发生变化，越来越多的民众向往城市生活，不断走出家门离开村庄，涌入城市打工就业，强烈希望改变生存环境和改善生活条件。更有一些人对本民族所处的环境和文化存在着一种自卑的心理，对自己的家园和文化感情淡漠，认为家乡的一切都不如城市。在这一背景下，乡村文化景观也出现了城市化的现象，在城市规划建设中喧嚣一时的“城市化妆运动”，向农村地区大举进军。不少历史文化村镇将一般城市规划中的分区规划、园林规划、城市设计的理念套用过来，盲目复制城市文化景观，将大量雄伟气派的房地产开发项目移植到历史文化村镇之中，导致乡村文化景观规则化和庸俗化倾向，空间关系日益单调，缺乏相互内在联系，形成“万村一面”的同质化，使城市化现象进一步蔓延。与世界许多地方一样的，钢筋混凝土立面和铁皮屋顶构成的，按照城市风格建造的村落和民居，正在改变着我国成千上万的美丽乡村，使它们变得浅薄和粗俗。

生态博物馆理想的实现，取决于当地民众出于文化的目的而参与的程度，取决于生态博物馆能否营造和培育出适合农村社区生存与发展的环境。“我们必须认识到：弱势群体可能珍视自己的文化传统，也可能自动地将其全部或部分加以抛弃。当社区居民因强势文化的撞击，而选择有可能背离传统文化的道路，并仅仅把生态博物馆视为改善社区生活的工具时，生态博物馆就会面临很大的危机”[①]。生态博物

① 黄春雨：《理想与现实——生态博物馆必须的对接》，见《2005 年贵州生态博物馆国际论坛论文集》，62 页，北京，紫禁城出版社，2006。

馆能够凸现自己有益于社区发展，并直接使社区民众感受到实际利益的途径。但是，近年来随着旅游业的蓬勃发展，历史文化村镇旅游逐渐成为热点。与此同时，历史文化村镇作为生活场所和文化空间的功能却面临着诸多挑战，当地民众现实生活与旅游发展之间的矛盾日益明显。在这一背景下，一些地区的生态博物馆把借助旅游谋求经济效益看作是唯一发展道路。如果仅以此维系农村社区和村庄民众参与生态博物馆的热情的话，生态博物馆也就失去了它存在和发展的意义，而仅仅成为一处旅游目的地。H. 戴瓦兰曾经指出，“由于所选择作为生态博物馆的村寨，将在日后会变得对旅游者非常具有吸引力。如果村寨居民没有充分准备好面对危险和挑战，在多种诱惑面前，小规模的村寨丰富的文化遗产同时会变得非常脆弱”[①]。

贵州堂安侗族生态博物馆

在生态博物馆的问题上，我们可以看到我国与欧洲在发展阶段

① 于格·戴瓦兰：《中国生态博物馆论坛笔记》，见《2005 年贵州生态博物馆国际论坛论文集》，244 页，北京，紫禁城出版社。

方面的差距，欧洲生态博物馆概念最早提出来的时间是在20世纪70年代，那时欧洲各地的经济社会发展已经达到一定的水准，但是却面临着能源危机和生态压力，在这样文化背景下的反思，使其产生了对文化与生态的保护思想，这是一种自发的文化自觉行为。可见，生态博物馆主要是农村社区在生活水平提升、经济实力增强，文化精神需求旺盛的条件下，由村庄民众创办并发展起来。而我国的生态博物馆，大多数是建立在西部民族地区偏远的贫困山村，在经济发展水平远远没有达到一定的富裕程度，文化发展水平也尚未达到自己创办生态博物馆的意识条件，于是一些生态博物馆是在当地民众对自己的文化没有一定的自信和认识的情况下建立的，“官办”色彩浓厚，由外来力量主导，村庄民众并没有举办生态博物馆的主动性和积极性，或者只是出于希望在生态博物馆的名义下能够摆脱贫困。因此，当地民众并不知道该怎么创办和如何维持生态博物馆，缺乏主观能动性，成为生态博物馆建设的盲目观望者或被动参与者，似乎生态博物馆对他们的生活来说可有可无，因此出现只要外来力量一旦撤出，这些生态博物馆就面临偃旗息鼓的局面。在这样的背景下产生的生态博物馆，很难成为一种教育的工具和阻止文化退化的方式。

方李莉教授认为，“文化生态区的保护也已经和文化产业及旅游业发展形成了一个有机的整体，其不但是对文化遗产保护的一种探索过程，同时也是将所保护的文化遗产对外展示的过程，而这种展示的本身就带有观光旅游的性质，也带有保护与开发同时进行的性质。这样的方式在生活富裕、民众文化自觉意识又很高的地区问题不大，但在一些贫穷落后、当地领导干部和老百姓又还没有一定的文化自觉意识的地区，尤其是并不具备专门的学术研究人员对保护区的文化做记录和研究的时候，不宜轻易建立生态博物馆或文化生态保护区。就像至今我们还不敢挖掘秦始皇和武则天的陵墓一样，因为一旦挖掘了，我们又没有能力保护，里面所有的文物都会在瞬间氧化，有些甚至会化为灰烬。文化也一样，尤其是没有文字记录的口头非物质文化更是如此”。目前，一些民族村寨兴建为旅游服务的“民族村”“民族风情村”，把相邻民族的文化元素聚合在一起，试图展示各民族的传统文化和生活习俗。“但是这种新的文化产业的发展中，我们发现许多民间的传统文化成为了一种艺术的表演形式，在这些表演形式背后，与农民们的宇宙观、道德观、生命观、乃至生产方式紧密相连的传统文化，似乎正在碎片化、甚至空洞化。这里面隐含了一系列令人担忧的问题”。[①]

目前，一些民族村寨的建设与发展，更多面向的是旅游者而不是当地民众，在很多旅游经营者看来，满足游客需求，加强景区管理，是头等大事，而如何满足居民需求，完善社区管理，似乎并不重要。有些地方为了降低管理难度，干脆将居民全部或者部分搬迁到新村居住，白天再让其回到古村镇工作，彻底将古村镇变成一个提供‘真实建筑，虚假生活’的主题公园[②]。新的项目主要功能是为旅游服务，理所当然以营利为目的，缺少民族传统文化的真实性，掺杂其间的伪民俗却十分丰富。在这些所谓的“民族村”“民族风情村”里，缺少对本地文化与自然资源价值的准确认识，盲目开发甚至进行破坏性开发的行为突出，既违反民族建筑传统，又影响生态环境的大体量豪华客栈越来越多，不少旅游接待设施按照城市建设模式，装修滥用瓷砖、水泥等现代建筑材料，而逐渐失去地域特色

① 方李莉：《西部人文资源与生态博物馆研究》，载《群言》，2008（9），30页。
② 宋瑞：《保存古村镇的生活空间》，载《人民日报》，海外版，第6版，2008-5-14。

和民族风格。同时，对旅游从业人员更是缺少必要的历史文化知识和文化遗产保护理念以及“负责任旅游”“可持续旅游”方面的培训，不少导游在讲解中存在较大随意性，迎合参观者的喜好任意编造讲解内容；原生态文化标签随意贴在来自各地的旅游商品上，鱼龙混杂，缺少本地特色；文字影像方面的旅游产品更是缺乏权威性，漏洞百出，严重影响民族村寨温馨平和的文化氛围，使民族传统文化受到伤害，物质和非物质文化遗产在不断地悄然消失。

在生态博物馆的建设过程中，还始终存在着民族民间可移动文物和手工艺品流失的问题。一方面，是民族民间文物的非法贩运，这是目前国际文化遗产保护的难题之一，在我国生态博物馆中同样存在，当旅游者，特别是一些外国收藏家或者文物贩子来到民族村寨，往往会设法购买当地民众的祖传物品，使得尚处于贫困状态的村寨居民很难长期抵御这一诱惑，最终使这些精美的民族民间文物离开了文化原生地，甚至流落异国他乡。与此同时，国外一些国家和机构通过各种渠道大量采集、收购珍贵的民族民间文物，甚至挨家串户抢购民族民间文物，连当地民众正在使用的生产生活用具也在劫难逃，进一步造成民族地区文化资源的严重流失。另一方面，长期以来为了满足家人或本地居民的需求而制作的手工艺品或生活用品，包含着使用功能、文化象征、精神寄托、场景装饰等综合意义。

但是，当外地旅游者购买这些手工艺品或民族生活用品时，仅仅被看作是纪念品、礼品或展品，必然全部或部分失去原有的真正功能。随着旅游市场的需求增长，这些手工艺品变成了批量生产的产品，用典型的样式销售给旅游者，同时往往在当地民众之间产生竞争，使成为产品的传统工艺品逐渐失去了文化含义，质量也变得粗糙，降低了当地传统文化的声誉。同时，当地从事手工艺品制作的民众也因此而受到剥削，因为与他们所付出的劳动相比，销售价格过于便宜。

生态博物馆的建立以保护民族传统文化为出发点，而且这种保护是整体保护、原地保护、自我保护及发展中保护相结合的一项系统工程。生态博物馆“至今已历经30来年，并在不少国家都可发现它的顽强实践。但不可否认的是生态博物馆的发展并不是如创建者和支持者们期待的那样，拥有一个令人振奋的局面的出现，反而是在争议和艰难的实践中起伏”[①]。在我国诞生的第一批生态博物馆，建馆至今也已经有10余年的历史，经历了初建时的兴盛阶段，目前正在步入艰难的巩固与提高阶段。“保护的难度就在于我们企图让这一‘活化石’在现代‘污染’无处不在的社会环境中接近“原生态”地活下去”。[②]迄今为止，我国的生态博物馆建设，大多选择了民族文化极为丰厚，居民生活却极为贫困的古老民族村寨，脱贫几乎是每一个民族村寨所面临的最大问题，因此从一开始，这些生态博物馆的建设，就承担着社区发展和文化遗产保护的双重重任。“当一个长时间处于相对封闭状态的村寨，突然向世界开放时，来自世界上高度发展的社会和技术的交流以及文化影响的涌入会造成什么结果，这是生态博物馆研究应解决的关键问题”[③]。生态博物馆既要考虑社会公众意识与整体利益，又要考虑区域内民众的现实需求，而采取适当的支持与补偿措施。

目前，我国所建立的生态博物馆，一般来说，均是当地政府根

① 苏东海：《中国生态博物馆的道路》，见《2005年贵州生态博物馆国际论坛论文集》5页，北京，紫禁城出版社，2006。

② 邓晓：《生态博物馆建设中值得关注的三个博弈现象》，载《中国文物报》，第6版，2010-4-7。

③ 吴昶：《文化遗产保护不容回避民生问题》，载《中国文物报》，第8版，2006-9-8。

据保护文化多样性的需要给予热情支持以及专家学者根据文化遗产保护和博物馆事业发展的需要给予热情指导的产物。民族村寨是当地民众的家园，当地民众希望生态博物馆的建立，有利于改善自己贫困和生活水平低下的状况，往往也能够积极参与。由于有政府、专家和民众三个方面的积极性，就具备了生态博物馆建设的基本条件。但是，目前在这三个方面的积极性之中，当地政府和专家是主导力量，当地民众则往往是被指导的，因为他们并不知道什么是生态博物馆的正确理念，也不知道生态博物馆建设的前景如何，他们仍然把精力放在各自家庭的现实生计问题上，而在文化发展与文化遗产保护的问题上保持沉默，任由“有知识”的外来人所把握和决策。对此苏东海先生指出，“我不得不说，事实上外来力量成了村寨文化的代理人，村民则从事实上的主人变成了名义上的主人，没有外来力量的进入，就不可能有生态博物馆，这是事实。也许别的国家不是这样，但中国是这样。在中国建立一个生态博物馆并不难，而巩固它比建立它就难多了。因为建立它是政府和专家的行为，而巩固它只有文化主导权回归到村民手中，村民从名义上的主人回归到事实上的主人时，生态博物馆才得以巩固。”[1]

在生态博物馆中，文化遗产的保护不能由政府和专家包办代替，只有受保护对象认识到自身所创造的文化价值和保护的必要性时，才能进行有效的保护；只有当地民众认同的、认可的文化遗产，才能进行有效的传承。而各级政府的责任是服务、组织和协调，制定相关政策；学者、专家、志愿者的作用是研究、指导和支持。民族文化遗产的保护不能让当地民众缺位，应由农村社区里的民众作

① 苏东海：《建立与巩固：中国生态博物馆发展的思考》，见《2005年贵州生态博物馆国际论坛论文集》，1页，北京，紫禁城出版社，2006。

贵州隆里古城历史街道

为文化遗产保护的主体。因为村庄民众是文化遗产的创造者，文化遗产的保护应当由他们参与。“文化不是血缘的东西，是心理的东西，是要传承的”。因此，生态博物馆应该强调，让拥有某种文化遗产的主体以一种主人翁的姿态来进行真正意义上的文化传承，才能有效地实现文化遗产保护的目的。H. 弗里曼（H.Friman）指出“我们工作的动力源自生态博物馆背后的哲学理念，即一个地方或一个区域连同其所有的物品是一种文化财产。这里所说的财产与法律意义上的概念无关”。[①] 然而要实现文化遗产保护的目的，关键要使文化遗产的主体在心理上实现对于本民族、本地域优秀传统文化的认同，对于自身传统文化自豪感和自信心的升华，这种文化认同心理，才是当地民众自觉保护文化遗产的不竭动力，从而实现生态博物馆

① 海伦娜·弗里曼：《没有围墙的博物馆》，载《国际博物馆》，2006（2），55 页。

和文化遗产保护的可持续发展。①

实际上，在我国古老民族村寨中建立生态博物馆，无论对于农村社区，还是村庄民众来说，都是一种超前的行为，要使生态博物馆得到巩固和发展，当地社区和民众都必须超越自己的固有观念和能力。任何一种先进理念和由此催生的新生事物，只有和现实的需求相契合才能具有生命力。生态博物馆在理想与现实的对接过程中，最容易实现的是技术层面的对接，例如记录、维护、保存文化遗存，建立信息资料中心等，这些可以通过借鉴传统博物馆的已有做法，结合当地实际来完成。但是，社区民众对于自己传统文化和生活方式的认识，参与生态博物馆建设的目的，是否与建立生态博物馆的目标相一致，则是生态博物馆在理想和现实的对接过程中，所面临的最大挑战。生态博物馆的核心理念在于文化遗产的原生地保护，并且由文化的主人保护自己。但是，在我国的生态博物馆建设过程中，确实存在着文化代理阶段。从文化代理回归到文化自主，社区民众需要"经过三个文化的递升的层面。这就是利益驱动层面，情感驱动层面和知识驱动层面"。当地民众保护自己文化的动力来自于利益的驱动，也来自于对自己文化的天然感情，但是，对自己文化的价值往往缺乏科学认识。这三个层面都需要提高，而且将是一个长期的提高过程。

在过去20年里，陈志华教授率领清华大学建筑学院乡土建筑研究小组的200余名学生，调查了我国13个省份100余个不同类型的村镇，用3000余张建筑测绘图纸和40余部关于乡土聚落的研究报告，记录下变化中的我国乡村，总结出了乡村聚落和乡土建筑保

① 赵世林，田婧：（民族文化遗产的主位保护和客位保护），见《中国昆明 亚洲博物馆馆长和人类学家论坛文集》，215页，2006。

护的8项原则。一是保护乡村聚落和乡土建筑的原生态，凡是有损于乡村聚落和乡土建筑原生态的行为都要尽量避免；二是为了尽可能完整地保护乡村聚落和乡土建筑的原生态，必须保护乡村聚落的整体，也就是保护历史信息的完整性和系统性；三是不但要保护乡村聚落的各类建筑，也要保护乡村聚落里的各种公用生活设施和生产设施，如池塘、沟渠、石磨、水井等；四是要收集、保护各样日常的和劳动的器物、用具，它们同样能表现村民们的智慧和技巧，一样能反映出乡村聚落生活的细节；五是要细心地发现和保护乡土建筑上的细节和历史痕迹；六是尽可能地保护乡村聚落的原生态环境；七是保护一个乡村聚落，就要保护它一切可以收集到的文字史料和口传史料，把它们展览出来，最好是编纂村志正式出版；八是乡村聚落作为居住环境，和它共生的还有很多其他物质性和非物质性的东西，都应该广泛收集保存。乡村聚落和乡土建筑保护总原则就是力争完整地保护住乡村聚落和乡土建筑的多方面综合价值。①

无论是农村社区，还是乡土建筑，都不应视为落后与贫穷的代名词。“在中国的传统文化中，乡村本来是比城市更美好的地方，是知识分子的家园，是传统中国社会田园牧歌生活的载体，也是所有文人衣锦还乡的最终归属地”。“所以在过去的中国，乡村的住房比城市里的更好，如徽派建筑等。因为在人们心里，乡村才是最终的归属地”。②农村社区与自然山水的结合更为密切和谐，乡土建筑在风格形态上更为丰富多彩。它们都是利用当地资源材料，由当地工匠采取当地传统技艺建造出的适合当地民众生活的街巷形态和各类房屋，很容易形成自己的风格。在建筑装修、装饰方面，乡土建筑

① 陈志华：《8个乡土建筑保护原则》，载《中国文化报》，第5版，2010-7-7。
② 方益波：《城市化不是简单的消灭乡村变城市》，载《中国文化报》，第2版，2010-7-5。

更有原创性，有时虽然显得粗糙，但是生动活泼。在城市化加速进程、新农村建设以及农村危房改造等一波接一波的建设浪潮中，一些原本美丽和谐的乡村中，出现大量违章建筑，池塘水面日益减少，街巷格局日益零乱，许多亲切怡人的院落空间、街巷空间、园林空间、山水空间以及文化空间不复存在。传统村庄的原有属性和历史记忆亟待保护。农村社区发展应该有自身的评价体系，应该发展成为与城市社区有所区别的另外一种生产、生活形态，而不是简单地从外表上模仿城市社区布局和建筑形式。“类似村头的风水树、田地里的界碑、村庄附近的栈道、村内的宗祠等，都是乡村聚落遗传因子，是乡村民众的精神寄托，构成了中华民族整体的家园感和归属感”。①

生态博物馆是指一个特定的文化社区，一个没有围墙的博物馆。“生态博物馆运动让博物馆工作者不得不再次审视博物馆的性质、任务和职能，不得不重新思考博物馆的社会责任，不得不思考博物馆生存的意义，不得不思考博物馆发展的社会条件”②。生态博物馆所保护的不是单体的文物，也不仅仅是古老的建筑，实际上是一个完整的文化空间，一个活态的文化肌体。对文化遗产的保护，从简单的收集、整理、展示，到在文化的原生地系统全面的保存、展示和传承，是文化遗产保护和博物馆实践上的一次飞跃。生态博物馆的出现和发展，有着深远的历史渊源和强烈的现实需求，是时代的召唤。虽然，目前各地生态博物馆的建设，或多或少地存在一些问题，但是这些均属于具有开创性实践中的正常现象。对于我国

① 方益波：《城市化不是简单的消灭乡村变城市》，载《中国文化报》，第2版，2010-7-5。

② 宋向光：《生态博物馆理论与实践对博物馆学发展的贡献》，见《2005年贵州生态博物馆国际论坛论文集》，53页，北京，紫禁城出版社，2006。

生态博物馆发展中存在的问题，应给予更多的宽容，不断总结、不断完善、不断提高，使我国生态博物馆的建设更加符合国情，探索出中国特色的生态博物馆建设道路，建立起中国特色的生态博物馆理论体系。“博物馆的方法是在不断创新之中，我们并没有一个标准的模式”[①]。但是，人们已经通过实践，看到生态博物馆在延续乡村文化景观、保存珍贵文化记忆、提升民众文化自觉、保障民众主体地位、推动社区经济发展、促进社会各界合作、扩大社区文化传播和完善自身能力建设等方面的积极作用。

贵州地扪侗族人文生态博物馆

生态博物馆延续乡村文化景观。乡村文化景观的价值最早在建筑、城市规划、景观设计等领域中得以发现和应用。同时专家学者们从文化人类学、历史学、社会学、民俗学等角度对乡村文化景观进行了有意义的科学研究。伴随着城市化的发展，人们逐渐认识到

① 苏东海：《论坛小结》，见《2005 年贵州生态博物馆国际论坛论文集》，241 页，北京，紫禁城出版社，2006。

乡村文化景观是最接近人与自然的和谐存在，是最理想的人居环境，而生态博物馆关注的正是人与自然的和谐以及环境的保护。生态博物馆提供了最丰富的原址展示，既包括山脉、河流、森林、草地等人们生存所依赖的自然条件，又包括居住建筑、文物古迹、传统节日和民间习俗等人们日常生活的文化环境。生态博物馆更大的展示空间在有形的博物馆建筑之外，其规划把整个文化社区的自然环境和生活场景都纳入保护视野，除了那些有数百年历史的寺庙、戏台、民居等古老建筑被精心保护外，传统的磨坊、酿酒作坊、打铁作坊，甚至过去烧炭的土窑、饮用的水井等，都作为乡村文化景观的组成部分而保留下来，而且自然村寨周围和谐的生态氛围，依山傍水，植被良好，同样是生态博物馆的组成部分。生态博物馆是在文化的原生地保护文化遗产与自然遗产，对乡村文化景观更强调整体保护，其保护范围涵盖整个文化社区，力求避免城市化和新农村建设过程中“千镇一面”“万村一面”的悲剧重演。

农村社区与周围环境生态意义上的平衡，是乡村文化景观保护的前提条件。同时，生态博物馆因人的生活而存在，是活态的文化景观，是联系过去、现在和未来的纽带，因此生态博物馆的规划建设应重视过程，不能把现在变成过去，把活态变成静态。生态博物馆能够实现历史与现实的完美结合，关键在于它是“活态的”“动态的”。生态博物馆中的文化遗产拥有生命，它们与村庄民众休戚相关，或是以村庄民众为传承载体，因而具有生命力和现实性。生态博物馆的时间是现实的。现实的时间是历史时间的延绵，即不能在某一时段断裂，截然分成过去和现在。“因此，生态博物馆的时间是有历史延续性的，从历史中来，现在进行着，又流向未来。不要因为它继承了历史便判定它是过去的，这种能看得见的历史与传统正是现实的体现，是在现实中折射出的历史”。生态博物馆中的农村社区和乡土建筑既是从祖先那里承袭下来的，又是现实生活的组成部分，并将继续传承下去。“生态博物馆的时空确实有其独特性，即生态博物馆空间的形式与内容都是现在的”。即现址与现实构建的时空是生态博物馆的时空。[①] 生态博物馆对特定区域实行整体保护，所表现的不是冻结在某一时间的事物，更不是将乡村文化景观永久“冻结”，而是在动态发展中实现保护和延续。

生态博物馆保存珍贵文化记忆。博物馆是征集、收藏、研究、保护、展示、传播人类生存及其环境物证的文化机构，生态博物馆作为新兴的博物馆形态，也并不能改变其与传统博物馆同样的本质。但是，与传统博物馆相比，生态博物馆寻求以一种可持续的方式，在特定的区域范围内，在文化原生的土地上，伴随着当地民众的参与，强调文化遗产与自然遗产的整体性，实现文化遗产保护、研究与展示的功能发挥。当前，国际经济和文化一体化加速发展，传统文化逐渐消退。在这样的背景下，生态博物馆的职责是保护和展示文化多样性，使文化遗产的保护和传承充满活力，使非主流文化也能够获得充分有效的生存空间。在生态博物馆的实践过程中，应努力为未来世代留下更多文化记忆的物证，因此，生态博物馆的首要任务是文化记忆的保存，活态文化的传承，对所有物质与非物质遗产，都应予以科学的记录、妥善的保护。在我国，还有很多经济相对落后，与主流社会相对隔离的民族村寨，由于封闭，这些民族村寨保留着多种多样的传统文化，体现出中华民族的文化多样性。这些传统文化之所以能够传承至今，是因为它们仍然“活态”地存在于原生环境之中。因此，在这些正在摆脱贫困的民族村寨中建立生

① 刘迪：《博物馆时空刍议》，载《东南文化》，2009（1），83页。

态博物馆，就是要唤起和帮助村庄民众保护与传承传统文化。

生态博物馆不是一般意义上的博物馆，不是局限于某个农村社区建造的有形博物馆，而是通过将农村社区的自然资源和人文环境进行一体化整体保护、展示与传承，而创建的“没有墙和门的博物馆”，是将农村社区的各种文化遗产保留在创造和发展它们的地方，让当地社区始终拥有自己的文化遗产。在农村社区“村庄处处是展品，家家是博物馆”。为此，生态博物馆应制定文化遗产和自然遗产的保护规划，制定社区保护管理规章，设立社区文化保护基金；建立以资料信息中心为基地的研究机构，指导年轻的村民掌握信息记录技能，并带领他们开展文化记忆工程；指导当地民众用本民族的语言记录自己村寨的口碑历史和传说，通过采访村寨老者，录制长期保存的音像资料，建立“文化记忆数据库”；充分鼓励区域内民族手工艺人、民间艺术家、乡土作家等继续发挥特长，建立民族民间艺人和非物质文化遗产档案，培养文化传承人。生态博物馆及其所属的资料信息中心，应为居住于此的社区民众集体所有，为他们提供传统文化保护和发展的平台，而对于传统文化的理解和解释由当地民众完成，使生态博物馆及其所属的资料信息中心对当地民众具有感召力和亲和力，而不是被看成是为了吸引外来游客的旅游基础设施，为生态博物馆的健康发展奠定基础。

生态博物馆提升民众文化自觉。把文化遗产保护推向文化原生地，并且由文化的主人自己保护自己的文化，是生态博物馆的基本理念。苏东海先生指出：“中国的生态博物馆运动可能要经过一个学者的文化代理阶段，但是最终必须发展到当地人们的文化自觉，才能够说取得了真正的成功。因为文化是与所有生活在文化之中的人有关的，文化是动态发展的。”[①] 对农村社区来说，生态博物馆是一种增强自我文化认同与文化遗产保护意识的工具，不仅要帮助当地民众正确理解生态博物馆，更迫切的是帮助他们理解自己的文化，认识身边的文化遗产。当地民众只有科学地认识自己的文化和身边的文化遗产突出的普遍价值，才会更加珍惜自己的文化和身边的文化遗产，更加关心社区的前途和长远利益。生态博物馆可以更加有效地使当地民众坚信在时间和空间中的自我价值，使他们能够在自己所生活的土地上熟悉自己，也将通过了解当地的历史，渐渐地欣赏自己的文化和身边的文化遗产在当今世界上的原汁原味，进而支持采取生态博物馆的形式，帮助他们揭示和肯定自我的潜力和方向。同时，农村社区需要“乡规民约”的保护。古往今来，历史村落的形成、保护、发展得益于当地民众自觉严格遵守乡规民约。在保护形势更为严峻的今天，更需要确立深入人心的乡规民约，进而落实一系列法律规章的保护措施。

建立生态博物馆，不可避免地要有一个培训阶段，当地政府和专家学者的责任在于帮助农村社区和当地民众，从文化自主上升到文化自觉。社区民众不应该是被动地接受专家学者传授的知识，而是要在生态博物馆的各项活动中承担重要角色，与当地政府和专家学者平等地共同讨论生态博物馆的建设与发展事宜。生态博物馆的责任者和指导者，应该尽可能多地由当地社区有责任心的人士承担，树立当地民众文化主人意识，培养他们对农村社区文化遗产的自觉保护意识，使他们对社区文化发展和文化遗产保护满怀热情和坚定信心。通过生态博物馆，社区民众可以看到自己，认识自己，学会

① 曹兵武：《生态博物馆：谁的生态？贵州生态博物馆国际论坛参会笔记》，见《2005年贵州生态博物馆国际论坛论文集》，261 页，北京，紫禁城出版社，2006。

珍惜自己的文化传统，树立自己的文化尊严。同时，使社区民众认识到自己身边就有珍贵的文化遗产，但是它们并不仅仅是私人财产或家族财产，而是关系民族文化延续的社区共同财富。在外来的强势文化面前，如果当地民众对社区文化和文化遗产的价值，在认识上达到科学的高度，在情感上达到珍惜的程度，社区文化就会变得坚强，就会具有抵抗力。总之，生态博物馆的成功与否，取决于当地居民对自己的文化和身边的文化遗产的态度。只有当地居民达到高度文化自觉，才能使传统文化得到长久的保护和传承，并为自己的文化和身边的文化遗产感到光荣、自豪和骄傲。

生态博物馆保障民众主体地位。在近现代公共博物馆发展的初期，博物馆与广大普通民众的生活渐行渐远，这种局面并不符合博物馆工作者的初衷和意愿。生态博物馆的实践为博物馆回归社会公众开辟了新的道路。关注广大民众关心的问题，激发广大民众的创造力，增强广大民众的发展能力，努力营造和谐的发展环境，这就是生态博物馆给人们的有益启迪。考察我国已经创建的各地生态博物馆实例不难发现，它们大多兴建于弱势群体的聚集地，因此生态博物馆的重要任务不仅仅是揭示自然资源与人文环境的相互关联，更重要的是社区居民的主动与积极参与。生态博物馆不是一般的文化机构，而是为农村社区建立的，以社区民众自主保护为特征的文化机构。不尊重社区民众的知情权、参与权、监督权，不实现社区民众的文化自觉和文化自主，就不是真正意义上的生态博物馆。生态博物馆应允许并鼓励社区公众参与各项活动。生态博物馆的各项活动，首先要符合当地民众的传统习俗，不但要尊重农村社区的文化理念，而且要使每一位外来访问者或合作者，尊重农村社区传统文化和当地民众文化情感的意识。例如贵州梭嘎生态博物馆就成立了包括社区 12 个民族村寨的寨老在内的社区管理委员会，负责生态博物馆的日常运作和管理，并协助开展民族村寨的原状保护，协助管理民族村寨内的有关演出活动。

贵州隆里古城传统建筑

村庄民众是文化的真正主人。虽然在生态博物馆创建阶段、培训阶段，当地政府与专家学者一度处于主导地位，但是只有当主导地位转换到当地民众的手中时，生态博物馆的价值才能真正地体现出来，从当地民众眼中看到的世界，才是思考发展问题的基础和应有视野，而树立广大民众文化自觉和文化自信，才是生态博物馆最应该加以关注和提倡的。特别重要的是生态博物馆应该成为当地民众日常生活的组成部分，使当地民众对生态博物馆发展具有感情和负有责任。从这个层面上讲，生态博物馆的核心思想便是农村社区的广泛参与和当地民众的积极互动，核心理念则是对特殊区域、特定文化的整体性保护。当地民众是否能够切实加入到生态博物馆的建设中来，是否能够成为社区文化保护与传承的主要力量，这将在很大程度上决定生态博物馆事业的成败。任何越俎代庖都无济于事，因为创造社区文化、拥有社区文化、享受社区文化、传承社区文化的是当地民众自己，而不是别人。只有尊重当地民众的主体地位，才能保证文化遗产的科学保护、合理利用、永续传承；只有当地民众充分认识自身文化的价值，才能勇敢捍卫自己社区的文化遗产；只有当地民众科学理性地认识传统与现代的关系，才能满怀信心地创造社区的美好未来和自己的美好生活。

生态博物馆推动社区经济发展。生态博物馆不是静态地展示一定历史时期或一定社会形态的文化，生态博物馆也无权阻止农村社区的持续发展。当一个农村社区或民族村寨进入生态博物馆时，无论是当地政府还是专家学者以及过往参观者、项目合作者都必须认识到，任何人都没有权力凝固其中文化和自然遗产与社区民众生活之间的关系，任何人都无权阻止当地社区为可持续发展而进行的努力，任何人都无权剥夺当地民众拥有享受现代化生活的权利。就目前我国已经建立起来的众多生态博物馆而言，虽然当地社区传统文化均十分独特和丰富，但是社区民众的生活却十分贫困。生态博物馆的根本目的是保护物质与非物质文化遗产，而不是保护贫穷与落后。一个贫穷与落后的农村社区，在未来市场经济的大潮中，不可能保护好自己的文化遗产，“贫穷和自卑往往是联系在一起的”。在金钱和利益的诱惑下，当人们只看到社区文化的经济价值时，反而会加速文化遗产消亡。只有社区民众的物质文化水平不断得到提高，生活逐渐富裕，才能提高对社区文化的自尊心和自信心、自豪感和责任感，才能增强保护文化遗产的自觉性。既不应喜新厌旧，也不应厚古薄今。应充分尊重时间维度中的文化，应在生态博物馆建设理念中坚持以人为本。

针对生态博物馆建设和文化遗产保护中涉及的民生问题，应有冷静而客观的思考。如果没有对于民生问题的深入思考，如果对于社区民众生活中的现实问题熟视无睹，那么当地民众作为文化资源的拥有者，必然会对仅以保护为目标的生态博物馆，产生抵触情绪。鉴于农村社区经济社会发展的艰巨性和复杂性，需要各级政府在政策导向、资金投入、技术保障和资源整合等方面，对生态博物馆所在地加大支持力度。虽然生态博物馆没有能力解决当地经济社会发展的所有问题，也不能大包大揽，但是，在不损害当地社区文化价值和当地民众文化权益的基础上，必须努力提高社区民众的生活水平，则是生态博物馆建设的应有内容。必须通过保护改善社区民众的生产生活条件，让绝大多数社区民众在保护中得到实惠。例如在生态博物馆建设的过程中，带来当地民众盼望已久的通水、通电、通路、通电视、通电话等，成为提高农村社区生活质量的重要手段，完全符合社区民众的意愿。在生态博物馆中经济生活的改变是正常的改变，文化生活的发展是不可阻挡的发展。事实证明，文化虽然可以相对独立于经济，但文化发展最终不能脱离经济基础。生态博物馆必须为促进社区经济社会发展做出贡献，才能真正地实现自己的使命，使生态博物馆成为促进农村社区和谐发展的积极力量，成为提高广大民众生活质量的积极力量。

生态博物馆促进社会各界合作。生态博物馆建设要以严肃的学术研究为基础。目前，生态博物馆的建设为专家学者深入了解、研究和挖掘各少数民族地区文化提供了一个活态的基地。各民族丰富多彩的文化通过生态博物馆这种形式得以搜集、保护、展示，受到了国内外民族学家、人类学家、考古学家、社会学家、文化学者、民俗学者等科学工作者的密切关注和欢迎，一批批有分量、有深度的研究成果陆续涌现。生态博物馆的工作对象是复杂的，特定区域的社区文化与社区民众、社区发展的关系，其内容从横向看，既包含乡村文化景观、文化与自然遗产等有形存在，又包括语言、规则、信念、行为、人际关系和人地关系等无形存在，还包含社区民众对待自己的文化和文化遗产的认知和评价状况等；从纵向看，则包括了过去、现在和未来。生态博物馆的知识基础，更倾向于研究复杂系统的人文科学和社会科学。[①] 生态博物馆注重同时保护文化遗产和自然遗产、可移动文物和不可移动文物、物质文化遗产和非物质文化遗产，鼓励社会多元因素参与生态博物馆的各类项目；鼓励跨学科、跨行业、跨系统、跨领域的各方面专家参与合作；鼓励运用人类学、历史学、语言学、考古学以及社会学等多种研究方法和理论，解读生态博物馆所在社区的文化深层结构，构建生态博物馆的创新理论。

近年来，广西将民族博物馆和生态博物馆建成联合体，以广西民族博物馆的力量帮助新建 10 座生态博物馆，帮助这些生态博物馆研究和保护他们的原始文化和开展对外展示，形成了民族博物馆的科研力量和社区民众之间的互动互益体制。生态博物馆同时成为广西民族博物馆的科研基地。自从生态博物馆诞生以来，就始终离不开传统博物馆的帮助和博物馆学者的指导，而广西民族博物馆直接与生态博物馆结盟，则是中国生态博物馆实践中一种新的探索。同时，这也是中国传统博物馆与文化原生地接近的一种努力。广西民族博物馆的专家介入到生态博物馆建设中来，以科学的方法、专业的视野对“活态文化”标本进行科学研究，再把研究成果以通俗的

① 宋向光：《生态博物馆理论与实践对博物馆学发展的贡献》，见《2005 年贵州生态博物馆国际论坛论文集》，53 页，北京，紫禁城出版社，2006。

方式传授给当地民众，在专家学者与当地民众之间建立起不断互动的机制，其结果不仅直接提升了当地民众对自己文化价值的认识，而且提高了民众保护的自觉性，并有利于当地专业人才的培育。在选择生态博物馆的研究课题，策划更广泛的合作项目时，首先要深层次理解生态博物馆的文化与自然景观内涵，融会贯通地加以挖掘、提炼，实现标准化与特色化，在生态博物馆内不同空间层次与不同区域的完美融合，体现文化景观的原生态活力。同时，在合作过程中，关注社区民众的文化需求和生态伦理，使现代技术得到妥善而恰当的运用，从而达到保持生态博物馆文化特色与完善功能的双重目的。

广西南丹里湖白裤瑶生态博物馆

生态博物馆扩大社区文化传播。生态博物馆是没有围墙的博物馆，旨在向参观者表现全部的文化信息，因此，向外界展示和善待参观者是生态博物馆的重要课题。现代人对于乡村文化景观的依恋可以追溯到观光农业的兴起，自然村寨的旅游吸引力则与逆城市化的价值认同相适应，而生态博物馆以其特有的方式慰抚着人们怀旧和思乡情结。将美丽的自然风光与多彩的民族风情完美结合的生态博物馆，是所在地文化旅游发展的基础。“但是生态博物馆不仅仅提供了一种怀旧的工具，一面仅仅反映过去的镜子。他们应当是窗口，今天真正向世界开放的窗口。生态博物馆必须帮助社区面对他们已经失去的东西和正在失去的东西，向世界开放，并准备着自己的未来”[①]。由于生态博物馆中文化景观与自然景观之间直观的和谐关系，因此在研究和观赏方面极具吸引力。生态博物馆强调民族特色和地方感觉，其价值和意义正在被人们所认识和理解。生活在农村社区中的民众，结合生活和生产实践，创造了世代沿袭的居住环境和生活方式，与城市社区存在着较大的差异性，必然带来不同文化之间的认同与吸引。不同文化背景的参观者带来不同文化，开阔了当地民众的文化眼界，通过各种方式的接触和交流，当地民众也在逐渐了解外面的世界。

生态博物馆不是明确划定界线的保护地，不是普通的社区公园，而是一个“活着的”农村社区，具有流动的边界区域。生态博物馆不局限于单一的文物景点，而是给参观者提供更为广阔的历史文化情境，使之充满一种历史文化的魅力，民间民俗的魅力。生态博物馆不能将自己封闭起来，参观者理应在生态博物馆受到欢迎。生态博物馆也能够在社区文化保护与“负责任旅游”“可持续旅游”

① 马克·摩尔：《生态博物馆：是镜子，窗户还是展柜？》，见《2005年贵州生态博物馆国际论坛论文集》，113页，北京，紫禁城出版社。

之间寻求结合。如果一个农村社区或民族村寨拥有独特的传统文化，而不向外界传播，没有得到外界的欣赏，就难以展示文化多样性的价值。越是能为外界所欣赏的文化，就越有生命力，外界的赞叹应作为激励文化传承的重要动力。应科学评估大众旅游带来的负面影响，正确认识两者和谐发展的重要性。事实上，当大批参观者来到生态博物馆，激发了当地民众的文化活力，参观者对当地传统文化的高度评价，提高了社区民众保护文化遗产的热情，增强了在外来文化面前对自己文化的信心，此时社区民众的表演和展示，已不仅仅为了商业目的，而是出于文化自豪，他们真正感到成为自己文化的主人，文化遗产也才拥有自觉传承的基础。生态博物馆周边其他农村社区或民族村寨的民众，通过参观生态博物馆，也会认识到保护自己家乡文化遗产的重要性，扩大生态博物馆的社会影响。

生态博物馆完善自身能力建设。生态博物馆的核心是实践性，在管理、运作、资金、人员和服务设施等方面，各地的生态博物馆都具有自己的特点。与传统的以静止、固态的文物藏品为导向的博物馆不同，生态博物馆所包含的内容更为广泛、形式更为丰富多彩。因此，根据传统博物馆的实践经验，很难解决生态博物馆所面临的全部任务和现实挑战。生态博物馆要更加积极地探讨与文化主体，也就是与当地民众的合作方式，当地民众是社区文化的创造者、见证者和拥有者，应该拥有更多参与机会，主导生态博物馆的发展。生态博物馆中人们传统知识系统必须受到尊重、发扬与保护。“人居环境科学”认为，“人创造人居环境，人居环境又对人的行为产生影响”[①]。要根据文化多样性特点，突破原有的学科界限，以平等、尊重的态度欢迎社会各界的参与实践，更广泛地吸收不同领域的成果，

① 吴良镛：《人居环境科学导论》，24页，北京，中国建筑工业出版社，2001。

使生态博物馆成为不同学科交流和互动的空间，推动生态博物馆文化的广泛传播。近年来，博物馆界大力提倡的“博物馆的宗旨应该转变为以人为核心”“实现人与物的结合”“到博物馆来享受发现的快乐”“博物馆要有助于人的发展”等新的概念，传达着博物馆在普及科学知识的同时，还要体现人文关怀的新要求和新思维，[①]这些都对生态博物馆从业人员的能力建设提出了更高标准。

生态博物馆不仅应该使当地民众在充分的参与过程中，提高其文化和经济发展水平，而且也应该通过独特的展示模式，使广大参观者在观赏过程中受到更加深刻的历史、环境、文化方面的科学教育，分享交流与体验的乐趣，真正体现现代博物馆“贴近实际，贴近生活，贴近群众”的服务宗旨。例如菲律宾拉博拉多生态博物馆，持续开展社区活动，包括节日庆典、河流清淤，森林保护、电脑网络、青年培训等，受到社区的广泛支持和赞扬，体现出可持续发展的社区特性。在这里人们格外珍惜当地历史和传统文化，珍爱农村社区的珍贵文化遗产和浓郁的民风民俗。社区内历史悠久的乡土建筑被原样地保留下来，对于房屋外部和内部的局部破损，都严格地按照不改变原状的方式进行修复。随着终生学习时代的来临，应使终生学习包括在生态博物馆的发展中，通过生态博物馆的活动，为当地民众和参观者提供知识，并把知识传递给下一代的机会，可以使当地居民和参观者增强对文化遗产的感情，正确理解文化遗产的价值。如果社会各界将生态博物馆视为社区文化特别是社区发展的基石，而不仅仅是当地政府推介旅游的手段，不仅仅是专家学者研究的标本的话，就一定能够找到生态博物馆与现实发展对接的途径，实现生态博物馆的理想。

① 陈卫平：《科学与人文在博物馆文化的融通》，载《博物馆研究》，2006（3），10页。

在全国生态（社区）博物馆研讨会上的主旨报告

（2011年8月23日）

福建全国生态（社区）博物馆研讨会

当前，随着经济全球化趋势和现代化进程的加快，面对城市化进程和工业化发展的冲击，我国的文化生态正在发生巨大变化，文化遗产及其生存环境受到严重威胁。生态（社区）博物馆作为一种全新的文化遗产保护和博物馆发展理念，日益为我国文化遗产保护和博物馆领域所广泛认知和应用。积极推动生态（社区）博物馆的发展，对于调动全社会保护文化遗产的积极性，推动文化遗产的有效保护和传承发展，建设中华民族共有精神家园，增强民族自信心和凝聚力，延续中华文脉，促进文化与经济社会全面协调和可持续发展，具有十分重要的现实意义。

我们在福州举办这次研讨会，首先是经过多年实践，生态（社区）博物馆的发展不断加快，需要我们对相关实践予以进一步总结，在理论上进一步丰富完善，促进生态（社区）博物馆的发展更加科学、规范；另一方面是因为福州市政府高度重视生态（社区）博物馆发展，三坊七巷社区博物馆为我们提供了一个很好的考察和借鉴的实例。下面，我就生态（社区）博物馆的科学发展谈几点认识和意见，供大家参考。

一、关于生态（社区）博物馆的认识

（一）生态（社区）博物馆概念的基本内涵

一般认为，生态（社区）博物馆是一种通过村落、街区建筑格局、整体风貌、生产生活等传统文化和生态环境的综合保护和展示，整体再现人类文明的发展轨迹，并由当地居民亲自参与保护和管理的新型博物馆。从地域上说，生态博物馆着重关注乡村文化遗产的保护，社区博物馆致力于城市街区文化遗产保护。

生态（社区）博物馆具有以下鲜明的特征：①强调整体保护，即对自然环境、人文环境、有形遗产、无形遗产的整体保护与展示；②强调原地保护，即相关展示不脱离原生地，并需要当地社区、居民的普遍参与；③强调动态保护，即在发展中保护，注重社会文化、环境的和谐与发展。

纵观国内外生态（社区）博物馆的实践，可以认为生态（社区）博物馆是传统博物馆范围与界限在特定条件下的扩展。生态（社区）博物馆诞生于对传统博物馆的反思，其中贯穿着对于博物馆功能与职能的重新定位。这种创新思维力图冲出馆舍天地，突破文物藏品的狭义概念，并且使文化拥有者自己成为文化的主人。

通过对传统博物馆与生态（社区）博物馆的比较研究，可以发现两者之间在办馆理念与运营方式等方面存在明显差异，突出反映在生态（社区）博物馆“整体保护”“原地保护”“活态保护”“自我保护”“开放性保护”“发展中保护”和“可持续保护”等方面的独特理念。

众所周知，传统的博物馆通常是将文化遗产搬到某一个博物馆建筑里，这些遗产往往因此远离了它们的所有者和原生环境。而生态（社区）博物馆则是将文化遗产原状地保护和保存在其所属社区和环境之中，从这种意义上讲，村落、街区等社区的区域等同于博物馆的范围。

在生态（社区）博物馆里，村落、街区的文化遗产、自然景观、建筑、可移动实物、风俗习惯等一系列文化因素均具有其特定的价值和意义。与此同时，当地民众亲自参与和亲自管理生态博物馆，保护自己的遗产并利用这些遗产来创造未来。

（二）生态（社区）博物馆的价值和作用

（1）生态（社区）博物馆的工作领域和目标，是将文化遗产的点、线、面及环境空间有机结合，将文物与非物质文化遗产有机结合，开拓了文化遗产保护的新境界，从而使广义文化遗产保护成为可能。

（2）生态（社区）博物馆强调以人为本，立足于对社区文化的尊重，立足于激发社区居民的文化自觉性，从而使公众自觉、自主保护文化遗产和主导博物馆建设、发展，使广义博物馆发展成为可能。

（三）生态（社区）博物馆的国际实践

国际生态（社区）博物馆的理论和实践起源于20世纪60年代末、70年代初。1967年9月，第一座以社区民众及其议题为主的社区博物馆——美国安纳考斯提亚社区博物馆成立。1973年，法国勒索－蒙锡生态博物馆诞生。

生态（社区）博物馆在各国发展出了各种不同的模式，而且往往使用不同的名称，甚至并不标有“生态（社区）”字样，但却承担着社区文化中心的角色。

如法国的生态（社区）博物馆大致可分为三类：一是以社区发展为中心的博物馆；二是与区域经济发展项目有关的博物馆，通过区域性丰富的传统遗产吸引旅游者；三是以区域性科学研究和动植物保护为中心的博物馆。意大利的乡村生态（社区）博物馆重点在森林游牧文化的保护。瑞典的生态（社区）博物馆注重工业遗址的保护和利用。日本的生态（社区）博物馆强调对乡村文化的保护。菲律宾普里兰镇的生态（社区）博物馆则关注解决社会问题。

西班牙将生态博物馆称之为“文化公园”，南美洲国家称之为“社区博物馆”，而在巴西和加拿大叫做“遗产项目”等等。在美国，许多主要为社区服务的中小型博物馆，有时也叫“地区博物馆”或“邻里博物馆”。苏联文化机关管辖下的地区、城镇和乡村博物馆，在致力于当地文化遗产保护和经济文化发展中发挥着积极作用，具有生态（社区）博物馆的特征。

这些生态（社区）博物馆是在全球化、工业化、城市化、市场化背景下，在各国地方政府的参与或积极鼓励下建立起来的，其目的在于彰显国家或地方文化主权，突出区域文化特色，利用自然和历史遗产资源，开发新的文化资源，增强区域竞争力，推动区域经济和社会的可持续发展，在方法上则以社区民众作为博物馆的规划者与决策者，以社区博物馆作为工具，重建社区民众的自尊心，并解决他们对于社会和文化的迫切需求。这些生态（社区）博物馆以各种不同的形态，在世界各地陆续设立，实践其理念并影响当地的博物馆生态。

二、生态（社区）博物馆的中国实践

（一）我国生态（社区）博物馆发展现状

生态博物馆思想在中国的传播开始于 1986 年，当时《中国博物馆》等学术刊物了介绍国外生态博物馆的思想和实践经验，并发表了中国学者对生态博物馆的讨论文章。具体实践则肇始于 1995 年在贵州启动的生态博物馆建设项目，并逐步为西部地区文化遗产保护和博物馆发展开辟了一条崭新的道路。

1997 年 10 月 23 日《挪威合作开发署与中国博物馆学会关于中国贵州省梭嘎生态博物馆的协议》签署。在中挪的共同努力下，1998 年在六枝特区梭嘎长角苗地区建成中国第一座生态博物馆。作为该项目的延续，又相继建成了镇山、隆里、堂安等生态博物馆。

堂安侗族生态博物馆是以侗族文化为空间载体的村寨与自然生态环境相和谐的一个社区。按照一中心（信息资料中心），四大类即自然生态（壮观的梯田、古朴的村寨、美丽的环境）、历史文明（侗族传统优秀历史故事、侗族发展史）、文化遗产（社区内各类文物和非物质文化遗产）、产业生态（传统农耕文化、现代生态文明产业），八个展示区（包括八个语言相通、习俗相近的相邻侗族村寨）进行总体规划，每一个展示区（村寨）都包含四大类的内容，用以全面传承地域村落文化。远期，要达到布局合理、功能设施齐全、生态环境优美、旅游事业兴旺的目标。

贵州堂安侗族生态博物馆

2005 年，中挪合作项目结束，为了总结经验，举办了专门的国际学术研讨会，通过了生态博物馆建设的“六枝原则”。这些原则包括：①村民是其文化的主人，有权认同与解释其文化；②文化的含义与价值必须与人联系起来，并应予以加强；③生态博物馆的核心是公众参与，必须以民主方式管理；④旅游与保护发生冲突时，保护优先，不应出售文物，但鼓励以传统工艺制造纪念品出售；⑤避免短期经济行为损害长期利益；⑥对文化遗产进行整体保护，其中传统技术和物质文化资料是核心；⑦观众有义务以尊重的态度遵守一定的行为准则；⑧生态博物馆没有固定的模式，因文化及社会的不同条件而千差万别；⑨促进社区经济发展、改善居民生活。

受贵州生态博物馆的启发和影响，广西在1999年提出建设民族生态博物馆的工作思路。文化厅统一部署规划，采取与各地方政府合作的方式，2004年建成了南丹里湖怀里白裤瑶、三江侗族和靖西旧州壮族三个生态博物馆试点项目。2005年明确提出广西民族生态博物馆“1+10”建设模式，“十一五”期间以广西民族博物馆为龙头带动10个生态博物馆的建设。重点建设的新馆有桂东贺州市莲塘镇客家围屋生态博物馆、融水苗族自治县苗族生态博物馆、桂北灵川县灵田乡长岗岭村汉族生态博物馆、桂南东兴京族三岛生态博物馆、桂北龙胜龙脊壮族生态博物馆、桂西那坡达文黑衣壮生态博物馆、桂中金秀瑶族自治县瑶族生态博物馆、桂西北毛南族、仫佬族生态博物馆。

龙脊村建寨自明代开始，保存着大量以梯田景观为代表的山地农业稻作文化、以“白衣”为代表的壮族服饰文化、以干栏式民居为代表的建筑文化等带有鲜明桂北壮族文化特色的自然和文化遗产。龙脊壮族生态博物馆以龙脊村的侯家寨、廖家寨、潘家寨等三个自然村寨为保护范围，是广西民族生态博物馆建设的“1+10工程”的重要组成部分，其信息资料中心于2010年11月15日建成开馆。地方政府高度重视和支持龙脊生态博物馆建设，编制了《广西龙胜龙脊壮族生态博物馆项目建设规划详细方案》，并将其纳入《龙脊风景名胜区总体规划》《龙胜各族自治县龙脊古壮寨梯田景区保护与旅游开发详细规划》和自治区特色性名镇名村重点建设项目。

2006年1月，勐海县西定乡章朗村布朗族生态博物馆建成开放，从此使用生态博物馆名称的保护民族文化的机构在云南落户。实际上，作为民族文化大省，云南从 1998 年就提出建设民族文化生态村的重要战略。虽然没有使用生态博物馆的名称，但其性质就是生态博物馆。经过近十年的建设实践，已经陆续建成一批省级民族文化生态村。云南大学主持建设的民族文化生态村有 6 家：邱北仙人洞彝族文化生态村、新平南碱傣族文化生态村、弥勒县可邑文化生态村、腾冲和顺文化生态村、景洪的巴卡基诺族文化生态村、石林月湖彝族文化生态村等。目前，红河州已经计划建设元阳梯田文化生态博物馆（箐口村）、个旧锡工业生态博物馆。

2001 年内蒙古自治区达茂旗启动敖伦苏木生态博物馆建设项目，该博物馆于 2004 年建成，是内蒙古的第一座生态博物馆。

近年来，随着我国工业化、城镇化、城市现代化进程的逐步加快，在居民生活水平提升、经济实力增强、文化精神需求旺盛的条件下，东中部地区一些文化遗产资源丰厚的地方，也纷纷提出了发展生态（社区）博物馆的计划，探索开创我国生态（社区）博物馆的新途径。

东中部地区作为我国主要的人口密集地区，历史悠久、文化资源极为丰厚。在已公布的第一批至第五批 347 处国家级历史文化名村（镇）中有 250 处位于东中部省份，占总数的 72%，第一批至第三批 30 处中国历史文化名街中有 26 处位于东中部地区，占总数的 86.7%，为发展生态（社区）博物馆提供了良好的基础条件和巨大的空间。

目前，东中部地区已经或基本建成或完成规划的生态（社区）博物馆有浙江安吉生态博物馆、温州瓯海泽雅传统造纸生态博物馆、安徽屯溪老街社区博物馆，福建福州三坊七巷社区博物馆、北京东花市社区博物馆、北京空竹博物馆（广内社区博物馆），湖北武汉市黎黄陂路、友益街街头博物馆等。

（1）安吉生态博物馆位于湖州市安吉县，在保护展示模式上，以“1 个中心馆、12 个专题馆、多个展示馆”为结构框架，目前中心馆土建工程基本完成，一批专题生态博物馆初显轮廓，30 个村落生态文化展示馆已经建成。在保护展示范围上，安吉生态博物馆将整个县域范围内最具特色的人文、生态资源纳入展示的范围，打破了博物馆与环境之间、可移动与不可移动文物之间以及信息与实物之间的障碍，是一种保护、展示、宣传和生活方式的综合体；在保护展示内容上，不仅跨越了传统博物馆的分界线，从环境、遗产的特点和社区的需求来决定它的起源与运转，更突破了以往生态博物馆以展示民俗文化为主的限制，将自然生态、文化生态、社会生态、产业生态较好的融合，系统展示安吉的过去、现在和未来。

浙江中国（安吉）生态博物馆奠基

（2）温州瓯海泽雅传统造纸生态博物馆位于温州市瓯海区，依托全国重点文物保护单位四连碓造纸作坊和唐宅、横垟、垟坑 3 个造纸作坊群以及周边省级历史文化村镇建设而成。规划面积约 120 公顷，包括石桥、横垟、唐宅、水碓坑、黄坑、垟坑、西岸、下良等村，博物馆 2009 年 11 月开始建设，已完成传统造纸专题展示馆、造纸体验园区、造纸传承示范点和民俗文化专题展示的建设，实施了传统水碓的修缮和部分村落环境整治，开展了皮纸等传统纸张的恢复性生产研究，推进相关基础配套设施建设。

（3）安徽屯溪老街社区博物馆位于黄山市屯溪区，依托中国历史文化名街“屯溪老街”建设而成。屯溪老街是一条具有宋、明、清时代建筑风格的步行商业街，由一条正街和三条横街为框架，拥有各类古建筑244幢，市级文物保护单位22处，展示多项国家及省、市级非物质文化遗产，集中体现了徽派建筑、徽州四雕、徽州民俗、徽商文化等特点，是徽州文化现存最好、最集中的物质载体，被誉为流动的“清明上河图”。屯溪老街社区博物馆由一个信息资料中心以及徽派建筑、徽墨歙砚、新安理学、新安医学、徽州民俗、徽州物产等多个展示区组成，通过整合社区资源，增进与社区的互动，致力于在一个日趋数字化和标准化的时代里，保护、展示和创造性地阐释徽州地区多元性文化的丰富和广阔；并以传统文化形式增进社区内不同成员间的接触、了解、交融，增进社区亲情关系。

（4）福州三坊七巷社区博物馆位于福州城区的三坊七巷，三坊七巷由衣锦坊、文儒坊、光禄坊三个坊和杨桥巷、郎官巷、塔巷、黄巷、安民巷、宫巷、吉庇巷七条巷组成，坊巷内的白墙瓦屋、鞍墙翘角、泥塑彩绘，布局严谨、匠艺奇巧，集中体现了闽越古城的民居特色。目前，坊巷内仍保存着 200 余座历代古建筑，其中全国重点文物保护单位 9 处，省、市级文物保护单位和历史保护建筑数量众多，有着“明清古建筑博物馆”和“城市里坊制度活化石”的美称。2010 年上半年，福州市政府决定在三坊七巷设立社区博物馆，结合三坊七巷街区的维修和保护，立足于三坊七巷文化内涵和地域文化特色，以众多的文物古迹、名人故居和民居街巷为载体，全面展示社区博物馆文化。

福建三坊七巷保护修复成果展

（5）北京东花市社区博物馆位于北京市东城区东花市枣苑 8 号楼与 9 号楼之间的地下空间内，博物馆由东城区东花市街道举办，其建馆宗旨为服务社区，传承民间艺术精髓，挖掘地区文化特色，展示花市地区历史发展。该馆于 2008 年建成开放，在该馆的建设过程中和建成开放后曾受到我国博物馆学界的高度关注，苏东海先生曾多次到该馆与社区居民交流，许多博物馆学者曾将该馆称为我国第一座社区博物馆。

（6）北京空竹博物馆（广内社区博物馆）位于北京市西城区小星胡同，由西城区广安门内街道办事处创办，博物馆以广安门内地区特色的空竹文化作为展示主题（广安门内街道办事处为国家级非物质文化遗产项目“抖空竹”的申报单位），通过馆藏的400余件各类空竹藏品，集中展示空竹的悠久历史和丰富的文化内涵，同时该馆也作为广内社区的文化活动中心用于社区文化活动，一方面致力于非物质文化遗产保护，一方面服务于社区文化建设，为传承非物质文化遗产和构建和谐社区贡献力量。

（7）武汉市黎黄陂路、友益街街头博物馆位于武汉市江岸区，黎黄陂路全长600余米，始建于清光绪二十六年（1900年），历史上曾属俄国租界范围；友益街历史上曾属法国租界范围，全长670米。在黎黄陂路和友益街两条街道内拥有“八七”会议会址、华俄道胜银行旧址（今“蓝光艺术博物馆”）等一大批近现代历史建筑以及韩惠安、何成浚、齐幼臣、何鹿堂、刘子敬等资本家修建的新成里、辅堂里等一些传统里弄式街巷。2000年年初，武汉市江岸区决定利用黎黄陂路、友益街地区历史文化底蕴丰厚的特点，建立黎黄陂路和友益街街头博物馆。至2000年年底，对这两条街道的历史建筑修葺完成，成为对市民和青少年进行爱国主义教育的重要场所。

此外，东中部地区的一些传统博物馆也日益具有生态（社区）博物馆的特色。例如位于北京市丰台区宛平城内的卢沟桥历史博物馆，位于天津市和平区五大道（中国历史文化名街）内的五大道历史博物馆，位于辽宁省新宾县永陵镇（国家级历史文化名镇）的新宾满族民俗博物馆，位于湖北省宜都市潘家湾土家族乡的潘湾土家族民俗文化博物馆，位于湖南省永州市江永县夏层铺镇上甘棠村（国家级历史文化名村）的上甘棠村博物馆（湖南省首家村级博物馆），位于广东省中山市小榄镇的小榄民俗博物馆等，都坐落于历史文化名村（镇、街区）或具有鲜明民族文化特色的民族村（镇、街区）中，集中展示所在村（镇、街区）的历史文化与民俗风情，实现了综合保护和展示村落（街区）文化的生态（社区）博物馆基本目的，具有生态（社区）博物馆的鲜明特点。如果能够在当地政府的支持下，以现有博物馆为基础，将博物馆与周边的文化遗产地或文化生态特色景区进行串联，统一规划，积极吸引当地村（居）民参与建设即可以成为既符合专业标准，又不失文化特色的优秀的生态（社区）博物馆。

（二）发展生态（社区）博物馆的重要意义

经过 10 余年的发展，我国的生态（社区）博物馆实践初见成效，从西部逐渐扩展至东中部地区，从专注于少数民族文化遗产扩展至关注整个中华民族文化遗产，为文化遗产保护和博物馆发展开辟了一条崭新的道路。具体来说，生态（社区）博物馆的效益和影响主要有以下几个方面。

1. 延续文化景观，保存珍贵文化记忆

我国生态（社区）博物馆的探索，遵循国际公认的文化遗产和自然遗产原地保护的理念，坚持采取真实性、整体性、原生态保护的原则，不是将物化的文化载体搬到传统的博物馆里面，而是将其完整地保留在文化的原生地。保护的内容不仅包括当地文化古迹、民居建筑、文物文献、民族民俗、传统技艺、乡土知识等，还包括这些文化遗产赖以生存和发展的自然环境。从而妥善地处理了民族传统文化的传承与发展中“鱼儿离不开水”的问题，使民族文化深深地根植于肥沃的生活土壤之中而得以生机勃勃地发展与延续。

例如福州三坊七巷社区博物馆结合三坊七巷街区的维修和保护，

立足于三坊七巷文化内涵和地域文化特色，以众多的文物古迹、名人故居和民居街巷为载体，全面展示社区博物馆文化，2010 年 11 月，“三坊七巷社区博物馆规划”通过专家论证，确定三坊七巷社区博物馆先期做好一个核心展示馆、一个先期重点实施区域以及六条游线、若干处文化空间的工作，并在实践中不断地探索，最终形成以“地域 + 传统 + 记忆 + 居民”保护与展示的“一个核心展馆、各种类型的博物馆、展示馆”模式的社区博物馆架构雏形，包括全面展现传统建造工艺的建筑博物馆、忠实反映社区发展历史的地志博物馆、传承社区非物质文化的生态博物馆。深圳（宝安）劳务工博物馆是全国第一家展示劳务工历史的博物馆，先见性地保护和征集了劳务工文化史料、史物，劳务工群体各类工作及生活见证物，全方位、多角度反映劳务工生存状况及贡献，承担并组织劳务工课题研究，对劳务工现象及其社会问题进行深入细致的分析，有着重要的历史意义和现实意义。

福建三坊七巷社区博物馆方案专家评审会

2. 促进社会合作，提升民众文化自觉

生态（社区）博物馆是一种新型博物馆，特别强调发挥当地居民的主观能动性，积极投身和参与文化遗产保护和博物馆的发展。这与我国确立的以政府投入为主，动员全社会积极参与的文化遗产保护新体制的目标是一致的。我国生态（社区）博物馆的实践，一方面，政府加强统筹规划，加强基础设施建设，博物馆学、民族学、经济学、旅游学等领域的专家学者深入调查、研究和挖掘民族民俗文化，提供专业指导，另一方面，通过宣传普及，确立和增强了当地居民对自身文化的自觉和文化认同感、文化自豪感，文化遗产保护意识和责任感油然而生，投身和参与文化遗产保护和生态博物馆建设逐步成为自觉行为。

例如安吉生态博物馆由安吉县政府牵头建设，县长亲自担任安吉生态博物馆建设管理委员会主任，以“1 个中心馆、12 个专题馆、多个展示馆”为结构框架，充分动员各方力量，将整个县域范围内最具特色的人文、生态资源纳入保护展示的范围。贵州梭嘎生态博物馆成立了包括社区 12 个民族村寨的寨老在内的社区管理委员会，负责生态博物馆的日常运作和管理，并协助开展民族村寨的原状保护，协助管理民族村寨内的有关演出活动。广西以广西民族博物馆为龙头带动 10 个生态博物馆的建设，则形成了民族博物馆的科研力量和社区民众之间的互动互益体制。

3. 注重综合效益，促进区域和谐发展

我国生态（社区）博物馆在发展思路上，确立了“既要保护文化，又要发展经济”的指导思想，保护与利用并重，将文化遗产保护与改善经济社会发展状况有机统一起来，较好地解决文化遗产保护与民众生产生活的关系问题。生态（社区）博物馆通过政府投入

和多渠道筹资等办法，不仅使文化遗产在生态博物馆理念的指导下得到有效保护，还推动了当地交通等基础设施建设，村容街貌、卫生状况和生活条件有较大的改善，并搭建了一个当地与外界沟通交流的桥梁，促进了以传统文化生态为核心资源的旅游发展，有利于改善地方经济结构，改善居民生活，促进经济社会和谐发展。

例如地扪侗族人文生态博物馆，近年来，该馆重点帮助村寨民众培育生态种植养殖业和传统手工业，使传统产业模式与现代社会需求有机结合，从而推动当地社区经济社会的科学发展。以“手拉手”活动为例，由地扪侗族人文生态博物馆对有机红米从播种、育秧、施肥到收割进行全程质量监控，并评定等级、登记建档。同时，该馆还帮助地扪村民参与有机红米示范种植，并与相关城市家庭建立稳定的关系，实现农村家庭和城市家庭“手拉手”结对直销，通过组织消费者到访生产现场参观考察，促进乡村文化旅游发展。

三、面临的机遇与挑战

文化的多样性是人类社会活力的源泉和体现，是各个国家和民族宝贵的资源和财富。世界上不同国家、民族创造了丰富多彩、绚丽多姿的文化。当前，随着全球化趋势和现代化进程的加快，人类文明进入全球化和信息化的新时代，但同时也给世界带来“单一”的危险。强势文化对弱势文化的侵吞逐步加剧，削弱了人类历史地积累起来的文化资源和创新能力。保护民族文化遗产、捍卫民族文化的独立、维护文化的多样性，成为世界各国尤其是广大发展中国家面临的一个重大课题。

2005 年 12 月《国务院关于加强文化遗产保护的通知》的发布，标志着我国文化遗产保护加快了从“文物”到“文化遗产”的历史性转型，呈现出新的发展趋势。

在保护的内涵方面，文化遗产保护更加突出世代传承性和公众参与性。传承性强调，今天我们的文化遗产保护只是一个历史过程，我们只是“为子孙后代妥善保管”而已，并没有权利对文化遗产进行随意处置；参与性强调，文化遗产保护并不仅仅是政府部门和保护工作者的专利，更是广大民众的共同事业，每个人都有保护的义务。

在保护的外延方面，文化遗产保护的领域不断扩大，比较突出地表现为六个趋势。

一是在文化遗产的保护要素方面，从重视单一要素的遗产保护，向同时重视由文化要素与自然要素相互作用而形成的“混合遗产”“文化景观”保护的方向发展。

二是在文化遗产的保护类型方面，从重视“静态遗产”的保护，向同时重视“动态遗产”和“活态遗产”保护的方向发展。

三是在文化遗产的保护空间尺度方面，从重视文化遗产“点”“面”的保护，向同时重视“大型文化遗产”和“线性文化遗产”保护的方向发展。

四是在文化遗产保护的时间尺度方面，从重视“古代文物”“近代史迹”的保护，向同时重视“20世纪遗产”“当代遗产”的保护方向发展。

五是在文化遗产的保护性质方面，从重视重要史迹及代表性建筑的保护，向同时重视反映普通民众生活方式的“民间文化遗产”“世间遗产”保护的方向发展，加强对“乡土建筑”“工业遗产”“农业遗产”“老字号”等遗产品类的保护正是这一趋势的必然要求和反映。

六是在文化遗产的保护形态方面，从重视“物质要素”的文化遗产保护，向同时重视由“物质要素”与“非物质要素”结合而形成的文化遗产保护的方向发展。

与此同时，当今时代，博物馆的功能与职能，将再次从“保护藏品”延伸到“保护遗产”。“保护遗产”是时代对当代博物馆的呼唤，也是体现博物馆价值的需要，这一需要的实现，使博物馆工作者打开视野，面对多样化的文化资源，进入无限的发展空间。事实上，我国博物馆文化从起源阶段，就呈现出多样性态势，不同的类别、不同的地域，创造着不同的博物馆文化。当前，文化遗产保护的视野不断扩展，从文化遗产到自然遗产、从历史遗产到当代遗产、从物质遗产到非物质遗产，博物馆的保护、研究、展示空间，也必然从传统博物馆的“馆舍天地”，走向高山、田野、荒漠、水下等“大千世界”。正如 K. 林奇（K.Lynch）所说，“空间与时间环境所形成的对于未来的态度本身就是改变世界的关键所在。”，“原先栖身于一隅，也许自觉为其乐无穷；当进入这‘大千世界’，更能感到自己‘任重而道远’”。由此，博物馆文化的展示空间从馆舍到社区、从城市到乡村、从地上到地下、从国内到国外，将文化遗产与自然遗产置于博物馆的广义范畴来认识，体现出外向的、多维的、以促进社会发展为己任的、以满足公众需求为核心的发展思路和时代精神。博物馆功能与职能的拓展和深化，赋予 21 世纪博物馆工作者前所未有的用武之地。

贵州（2010 年 8 月 12 日）地扪侗族人文生态博物馆我国生态（社区）博物馆的发展必须适应文化遗产保护和博物馆发展理念的变化和演进，逐步建立符合我国实际的科学发展模式，并为深化和拓展博物馆的工作视野和领域，在博物馆为社会及社会发展服务方面不断开展创新而进行有益的探索和实践，这是关系到当前正处于转

贵州地扪侗族人文生态博物馆

型期的我国文化遗产保护和博物馆事业发展全局的重大课题。

生态（社区）博物馆建设是一项伟大的尝试和探索，在中国没有太多现成的经验可资借鉴，还处于起步阶段，没有形成完整的规模和体系。制约生态（社区）博物馆发展的主要问题有如下几个。

一是缺乏科学规划，投入不足。政府层面普遍缺乏引导、支持生态（社区）博物馆建设和发展的有力措施。生态博物馆在布局上尚局限于民族地区、经济落后地区，社区博物馆则仅分布于一些大型、特大型城市，品类比较单一，与我国各地区文化遗产的丰富性、多样性、独特性不相适应。

二是调查研究需要深化，亟待建立有效理论支撑。由于地区差异和时间限制，符合中国特点的生态（社区）博物馆理论体系尚在构建之中，生态（社区）博物馆的工作领域、对象、方法、规律、标准、规范有待进一步厘清和掌握，甚至有的地方将生态博物馆误认为自然环境的单纯保护。

三是社区居民的民主参与意识有待进一步加强。我国现有的生态（社区）博物馆多由地方政府或文物部门牵头主办，社区居（村）民和居（村）民自治组织的参与还相对有限。因此唤起和保持社区居民对自身传统文化的热爱和保护意识，成为生态（社区）博物馆发展的关键因素。

四是已经建成的生态（社区）博物馆的文化遗产保护、研究和展示、服务工作水平需要提高，应努力探索促进地区经济社会和谐发展的更多方式和途径。目前生态（社区）博物馆的文化产品比较单一，结果是游客数量很多，而当地居民却不能有效增加更多的收入。文化遗产的流失仍然非常严重。

四、关于促进生态（社区）博物馆发展的思考

当前，随着改革开放的深入和现代化的快速推进，科技与经济进步所带来的人们的观念、生活方式等的变化，使传统文化面临着有史以来最强劲的一次冲击，其载体和表现形式正在迅速消失的情况日趋严重，许多具有历史、科学和艺术价值的传统建筑濒临毁灭，许多数年前、数十年前尚在使用的生产工具、生活用品正在迅速消失而未能及时征集保存，许多具有艺术价值和鲜明民族特色的工艺品大量流失。在系统总结既往经验和实践的基础上，大力推进生态（社区）博物馆发展，将为保护和传承民族文化遗产，促进经济社会可持续和谐发展发挥不可替代的作用。为此，提出以下几点意见，与大家共同探讨。

（一）加强统筹，合理规划

生态（社区）博物馆发展是一个系统工程，不仅包括文化遗产

保护，还包括基础设施和环境改造，需要有效整合资源，加强宏观指导和引导。

要充分认识发展生态（社区）博物馆的重要性，立足保护地域文化遗产、维护文化多样性，完善公共文化服务体系，将生态（社区）博物馆纳入各地文物博物馆事业发展规划和经济社会发展规划，使城乡建设规划的制定和实施与文化遗产保护和博物馆事业发展规划相协调，实现生态（社区）博物馆与当地经济社会发展的良性互动。

要坚持“规划先行”的原则，加强生态（社区）博物馆相关文化遗产和环境资源调查，紧紧围绕突出地域文化特色，科学制定生态（社区）博物馆发展规划。生态（社区）博物馆发展必须经过科学的条件评估与决策论证，要避免对生态（社区）博物馆理念的“误用”甚至“滥用”，不切实际一哄而上。

文物部门要发挥行业主管职责，提供理念、方法和技术上的智力支持，指导将生态（社区）博物馆发展与历史文化村镇、街区保护，民族民间文化遗产、20 世纪遗产、工业遗产等新型文化遗产保护工作有机结合起来，深入调查和挖掘传统民居建筑、社会、民俗等文化遗产资源和环境资源，开展传统产业流程的整理、研究，加强文物保护基础工作，增强特色村镇、乡村、街区的保护力度，不断地充实生态（社区）博物馆的文化内涵，为生态（社区）博物馆的科学规划提供有力保障。

（二）突出重点，积极探索

要遵循生态（社区）博物馆的基本规律，结合实际情况不断丰富和完善发展模式。要突出重点，依托历史文化村镇、街区等保存文化遗产特别丰富的村庄、街道，发展具有丰富文化内涵和鲜明个性特点的生态（社区）博物馆。

生态（社区）博物馆是西方后工业时代的产物。从社会基础条件看，我国经济发展水平较高的东中部地区应该更有优势试行灵活有效的政策措施，依托历史文化遗存丰厚、传统文化生态保持较完整并具有特殊价值的城镇、村落或特定区域，加快建设具有民族民间特色的生态（社区）博物馆或文物资料保护展示中心，加强乡土建筑、民间民俗文化遗产的保护、抢救、发掘、整理和展示宣传，率先建立科学有效的民族民间文化遗产保护机制。

同时要抓住国家“兴边富民行动”、西部大开发正在全面推进的机遇，努力推进西部和民族地区发展民族文化类生态（社区）博物馆，切实维护地区文化的多样性和特殊价值。

要强化生态（社区）博物馆整体保护文化遗产的功能。生态（社区）博物馆要保护展现历史文化村落、街区富有地方特色和集体记忆的文化空间，要将古民居、文物等与其相关的民俗活动、传统手工艺技能保护和传承相结合，实现文化遗产的整体性和真实性保护。要做好原有村落、社区的文化氛围和活态多元风貌的保护，村落、社区文化传承人及原住居民的保留，村落、社区文化活动的挖掘与丰富等工作，并注重遗产所在地的自然环境保护，做到文化遗产与人们生活、自然环境和谐相处。

（三）多方协作，共促发展

生态（社区）博物馆既是乡村、街区文化多样性保护的阵地，又是乡村、街区自然环境保护的桥头堡，是村（居）民自我反思、民主管理和对外文化交流的桥梁，还是带动当地旅游和经济建设的助推器。

要推广和完善“政府支持，专家指导，居民主导”的生态（社区）博物馆发展模式，共同关注、多方协作，建立生态（社区）博物馆可持续发展的长效机制。要在地方政府的支持下，加强文物行政部门与发展和改革、财政、建设、旅游、环保、民族、文化、农业、水利、交通等相关部门的联动，并鼓励社会力量支援，加大投入，多方共同推进生态（社区）博物馆发展。

福建三坊七巷保护修复成果展

《国家文物博物馆事业“十二五”规划》对发展生态（社区）博物馆提出了要求。为加强引导，国家文物局将开展生态（社区）博物馆示范点建设。今天将对首批生态（社区）博物馆示范点予以授牌，并着手组织编制相关发展规划，积极争取财政专项支持，扶持重点生态（社区）博物馆的发展，科学构建全国的生态（社区）博物馆体系。

各地也要根据区域历史文化遗产资源和特色，结合历史文化村镇、街区保护，立足完善文化基础设施建设和构建公共文化服务体系，抓紧研究制定生态（社区）博物馆发展专项规划，合理布局、实事求是、量力而行。在具体实施中文物行政部门要发挥专业指导作用，积极争取相关部门的配合支持，整合资源、加大投入，不断完善生态博物馆基础设施条件，促进提高展示服务水平。

（四）动员民众，惠及民生

生态（社区）博物馆作为一种社区性的文化遗产与生态环境的传承与教育中心，村（居）民等社区民众的支持和参与是生态（社区）博物馆发展的关键因素。

要加强宣传，积极探索按照责、权、利相一致的原则，多种方式调动社区居民特别是年轻人保护文化遗产、发展生态（社区）博物馆的积极性，形成“遗产保护人人有责，保护成果人人共享”的和谐局面。

要重点做好传统民居及其住民生活习俗、历史古迹、传统手工技艺等文化遗产密集点及相关人文环境、生态环境的维护，并通过文物保护资料中心配套的高水平陈列展览及相关文化活动，普及科学的生存与发展理念，确立和增强当地居民对自身文化的自觉和文化认同感、文化自豪感，引导和规范当地居民在和谐和经过适当改善的条件下从事传统生产生活与文化传承，投身和参与文化遗产保护和生态（社区）博物馆发展。

要通过生态（社区）博物馆的发展，充分挖掘相关文化遗产资源的内涵，依托旅游观光、文化休闲产业，科学、合理地发挥生态（社区）博物馆推动经济社会发展的特有作用，促进资源优势转化为经济优势，推动各地区特别是农村、民族地区的产业调整。

生态（社区）博物馆发展旅游要坚持因地制宜、统筹规划、整合资源、务求实效，必须有助于文化遗产和生态环境的保护，必须有助于维护和改善为旅游者提供当地特色产品和服务的传统生活和生产环境，必须符合《中华人民共和国文物保护法》等有关法律法规的规定。

（五）加强研究，指导实践

研究要与实际工作中存在的问题紧密结合，研究必须回答问题、解决问题和指导工作。要依托中国博物馆协会、有关高等院校和科研单位以及社会专业力量，组织深入开展生态（社区）博物馆和民间民俗文化遗产保护状况调查研究，提出有针对性的对策建议，切实掌握生态（社区）博物馆理论和工作规律，借鉴国际先进理论、理念和实践经验，形成符合中国国情、具有较强针对性和适用性的生态（社区）博物馆理论体系，提高对生态（社区）博物馆的认识水平。

在此基础上抓紧制定和完善生态（社区）博物馆建设和发展的评估标准，建立相应的咨询、指导、协调、督察和管理考核机制，确保生态（社区）博物馆正确地实现其运营目标，最大限度地追求自然与文化、遗产与现实以及相关方面的利益与和谐。近期，国家文物局博物馆与社会文物司已委托中央民族大学组织开展“生态（社区）博物馆建设指南”的研究编制，“生态（社区）博物馆建设指南”草案经本次会议讨论修改后，将适时发布提供各地参考运用。

当前，国家高度重视保护和传承民族文化遗产，突出强调文化遗产在推进现代化建设和民族复兴伟大进程中的特殊作用，这是我们做好生态（社区）博物馆和文化遗产保护工作的最佳时机。

生态（社区）博物馆的思想产生在后工业社会，无论国内还是国外，生态（社区）博物馆的历史都不长，还在试验和探索之中。在贵州创立我国第一批生态博物馆时，中国和挪威的专家们提出了《六枝原则》，其中第八条是“生态博物馆没有固定的模式，因文化及社会的不同条件而千差万别”，其含义是生态博物馆的思想在不断发展，并没有一个标准的定义；生态博物馆的方法在不断创新，没有一个标准的模式；生态博物馆的核心理念在于在文化的原生地保护并且由文化的主人保护自己，而具体保护方法则千差万别。因此，我们应该解放思想，本着中国生态（社区）博物馆本土化、特色化的原则，大胆实践、积极探索，创新生态（社区）博物馆发展途径。

我们相信，在各级政府、有关部门和社会各界的共同努力下，尤其是在广大民众的积极支持和参与下，生态（社区）博物馆这丛文化之花必将更加璀璨夺目，中华民族珍贵的文化财富，必将得到更加有效的保护，流传久远，永续利用！

从“建筑 + 收藏 + 专家 + 观众”到“地域 + 传统 + 记忆 + 居民”①

（2013 年 9 月）

早在 19 世纪末 20 世纪初，一些国家的博物馆就开始收藏和展示民俗文化遗产的实践。例如 19 世纪末，挪威、瑞典等国家建立的露天博物馆已经包含了反映社区民俗文化遗产的因素。20 世纪 30 年代初，G.H. 里维埃（G.H.Rivière）根据户外博物馆的概念，创办了法国国家民间艺术和传统博物馆。20 世纪 40 年代初，法国农民协会主张办一个“活的博物馆”，1943 年昂贝尔的博物馆就是在一间经过修复的古旧磨坊里建立的硬纸板手工作坊，并演示传统技术，抢救被遗忘的工艺。在非物质文化遗产的保护方面，国际博物馆界也乐于奉献在保护物质文化遗产与自然遗产方面的丰富经验，并扮演着积极的角色。

我国的民俗文物征集和保护，始于 19 世纪末至 20 世纪初，与近代人文科学一起，在清代末年西学东渐文化启蒙运动背景下兴起。例如在北京大学由蔡元培、沈尹默等民俗学的先驱者先后成立了歌谣研究会、风俗调查会，并将所进行的工作由最初的民间文学的收集与研究，逐渐扩大到“征集关于风俗之器物，筹设风俗博物馆”。此后，厦门大学、中山大学等都广泛搜集地方风俗物品，成立民俗陈列室。钟敬文先生认为这些民俗文物“可以使我们认识今日民间

① 此文发表于《中国建筑文化遗产 1》天津大学出版社 2013 年 9 月版，第 2 页。

的生活，更可以使我们明了过去社会的生活。它是提供给我们理解古代的、原始的艺术姿态的资料，同时也提供给我们以创作未来伟大艺术的参考资料”。[①]

北京宣南文化博物馆

户外博物馆是一种独特的博物馆展览形式，通常将保存至今的历史遗迹或民居、教堂以及室内外的装潢、构建等，按原来状态布置展出，供公众观赏。第一个户外博物馆于 19 世纪末在瑞典的斯德哥尔摩诞生，即建于 1891 年的斯堪森露天博物馆。它展示了瑞典不同地区在工业时代以前的 100 多栋建筑，馆内的工作人员身着北欧传统服饰，再现多年以前的生活方式。由于斯堪森露天博物馆建成后在北欧很受欢迎，成为户外博物馆的代称，并在 20 世纪上半叶逐渐推广到整个欧洲。例如 1894 年挪威奥斯陆的户外民俗博物馆，1909 年芬兰塞拉沙里户外博物馆以及 1918 年荷兰阿伦海姆户外博

① 谢方：《博罗尼亚：把人和房子一起保护》，载《中国文化报》，第 7 版，2010-10-8。

物馆等。

20世纪70年代起，户外博物馆扩展到美国，特别是在美国建国200周年前后，户外博物馆爆发性增加，席卷全国，到20世纪90年代初，就至少有户外博物馆近200个。除欧美之外，亚洲、非洲、大洋洲的国家也为了提升各国的民族意识和保存传统文化，以社会教育要素为背景，推进户外博物馆的建设。例如日本在20世纪60年代经济繁荣时期，随着城市化进程推进到农村和边远山区，为了保留众多具有历史意义和保存价值的建筑，发展了一批户外博物馆，大多采用迁建历史建筑的形式，具有代表性的有1965年建设的明治文化村。

明治时代是日本奠定近代化基础的时代，一方面继承了江户时代木结构建筑的传统，同时学习了欧美建筑的样式、技术和材料，引进了砖石结构的西洋风格建筑。这些建筑中很多具有较高的历史和艺术价值，但地震、战争以及城市不断扩展，使日本全国留存下来的明治建筑数目越来越少，总数约有1200座。在这种形势下，著名建筑师谷口吉郎和名古屋铁道株式会社社长土川元夫协商，决定在名古屋市北面犬山市入鹿池畔创立明治村博物馆。在筹建过程中，将全国各地将要解体拆除的建筑物中，建造时间为大正年间关东大地震前的、选择有保存价值或属重要文物的建筑，相继迁到明治村博物馆中加以复原。

明治村博物馆于1965年3月开馆。在100公顷左右的丘陵地上，经过历年迁建增筑，展示建筑总数达到60座，经环境整修以后公开展出。博物馆的自然环境优越，傍山近水，各部分通过精心布置的馆内道路相连。各栋建筑外观形成博物馆别致的独特风貌，建筑物内部有的按当时的家具陈设布置，有的举办与建筑有关的资料展览，有的配以身着当时服饰的固定人物，有的临时举办特别展览，有的同时还作为营业内容的一部分，例如邮局等。同时明治村博物馆内还铺设了轨道，将明治时代最早的有轨电车和蒸汽机车作为参观的交通工具，提高参观者的兴趣。

明治村博物馆

历史建筑作为城市文化的载体，表现出城市文化中最直观和最表层的方面，而每座城市独有的人文景观才是城市的灵魂。一座历史文化名城的魅力在于居民的文化生活，它的实质不是僵死的文物和遗址所能涵盖的，而只能在其居民的现有生活方式中去寻找。博罗尼亚是世界上第一个提出“把人和房子一起保护”的城市。1970年，当时的博罗尼亚市政府聘请罗马著名的建筑规划师柴菲拉担任总规划师，提出整体性保护规划，其要点是利用公众住房基金改善社区居民的居住环境，保护历史建筑，并用法律形式规定居住其中的90%以上的原住户必须留下来，居住在社区里的低收入家庭的租金不能超过其家庭收入的12%至18%。

所谓“整体性保护”，就是实现历史街区里“原来谁住的房，改造后还由谁住”的整体性保护目标。既要保护有价值的历史建筑，又要保护生活在那里的居民的原生态，留住原来的居住者，即社区里原有的低收入家庭。但是这一计划面临难以想象的阻力，因为居住在社区里的低收入家庭没有能力承租经过改建后的房屋。博罗尼亚的整体性保护取得了成功，最重要的经验就是完整地保护了古城风貌。古城风貌不仅包括那些有形的文化遗产，例如宫殿、教堂、历史街巷和传统建筑，而且还包括有别于其他城市的无形的人文内涵，例如民间习俗、生活方式和社会风尚。[①]

城市不发展就会没有生命力，而因为发展而伤害了独特的风貌，也会消磨城市的生命力。要夷平一片建筑或围起来保护都很容易，而要将民俗文化遗产融入城市生活才是最大的考验。美国纽约苏荷区是游客参观的必到之处，然而这片钢铁生产基地变成艺术家聚集地后，也曾破旧不堪，甚至险些化为乌有。20世纪60年代，曾计划重新改造苏荷区，即用成片新建的办公楼和豪华公寓取代旧厂房。在当地居民、艺术家和建筑师的极力反对下，1965年，包括苏荷区在内的900幢传统建筑和50多个历史街区被列入保护名录。1973年，苏荷区被确定为文化艺术区，属于重点保护区域，建筑物原有的外貌不允许再有任何破坏和更改。[②]

民俗文化遗产保护历来是一个充满矛盾的话题。奥地利有一家200年历史的鞋店，店主人觉得做鞋子的工具可能以后不会再用了，但是里面的几百种东西，都是前辈人聪明才智的积累，应当保存下

① 谢方：《博罗尼亚：把人和房子一起保护》，载《中国文化报》，第7版，2010-10-8。
② 刘文飞：《明亮的林中空地》，载《人民日报》，第23版，2010-11-5。

来，于是就把这家鞋店捐给了博物馆，博物馆原封不动地把鞋店搬了进去，也就把一段历史生活保存了下来。[①] 瑞士中部的巴仑堡露天民居博物馆，把瑞士各地具有浓厚地方特色、年久失修的民居汇聚在一起，在此不仅保留了这些传统建筑的文化价值，还将过去的生活忠实地反映出来。人们在博物馆可以触摸家禽，亲手纺纱织布，品尝“老房子”里刚刚烤出来的面包。[②]

著名地理学家侯仁之先生指出“宣南史记、源远流长，周封蓟城，金建中都，古都北京，始于斯也。”所谓宣南文化，指的是以北京建城建都起源地、明清时代的京师宣南地域为生长土壤，以琉璃厂、市情、乡情为纽带，表现为北京市民和各地游子的都市生活方式，见证北京城发展、凝结北京人智慧的京味文化。宣南文化主要由 6 个部分组成：以营城建都的悠久历史为代表的京城源头文化，以文人荟萃及其重大文化成就为代表的士子文化，以京剧为代表的戏曲文化，以厂甸庙会、天桥绝活为代表的老北京民俗文化，以大栅栏老字号经营为代表的传统商业文化，以牛街穆斯林生活为代表的民族文化。

近年来，宣南文化博物馆开办了一系列活动，使越来越多的社会民众加入到了解、弘扬宣南文化的行列之中。除了举办展览，宣南文化博物馆还“送老北京文化上门”，推出流动博物馆项目。浓缩了宣南文化的 35 块展板，走进学校、走进社区、走进千家万户，给中老年人送去儿时美好的回忆，给年轻人送去特色的北京文化，为民众搭建起通往宣南文化的桥梁，建立了解宣南文化的平台。[③] 对于社区来说，保护民俗文化遗产就是保护城市文化的个性，但是对

① 张志勇：《别让历史遗存变成文化空巢》，载《中国艺术报》，2009-8-18。
② 刘军：《国外博物馆是啥样》，载《光明日报》，第 5 版，2010-5-18。
③ 祝晓潭，杨芳懿：《悠悠宣南情》，载《人民日报》，海外版，第 7 版，2010-9-14。

于世界来说，则意味着保护人类文化的多样性。民俗文化遗产是根植于民族民间文化土壤的活态文化，是发展着的传统行为方式和生活方式，它不能脱离传承主体而独立存在。

北京宣南文化博物馆

保护民俗文化遗产不是为了留住历史，也不是为了回到过去。它的延续与发展永远处在活态传承与活态保护之中，即在变化中保护，并保护其自然变化。民俗文化遗产是现存的、活态的文化，处于正在延续状态中的文化，也只有这样才能够体现出民俗文化遗产连接历史与未来的价值。在正视民俗文化遗产处于变化状态中这一现实前提下，尽力使民俗文化遗产在变化中保持稳定性，使其以一种相对平稳的速度变化，而不是在剧变中丧失其传统的内核。同时也要注意保护其自然变化的过程，尽可能排除外界因素对其的干扰和刺激，使其按照自己应有的轨迹发展。民俗文化遗产既是活态文化的实体，又是生活中非常活跃的文化，具有不停变化的属性。

确保可持续的传承力的目的并非是将注意力集中在如何设定及维护民俗文化遗产的原形上，而是作为活态文化的实体，使其能够具有长远意义。因此，民俗文化遗产的保护不能限制人们对自己生活方式的选择，不能为了保护民俗文化遗产的原生环境而阻断它们与外部世界的交流。2010 年 7 月，位于台湾高雄港的著名历史建筑“香蕉棚”重新开业，改名“香蕉故事馆”。该馆展出了当年蕉农割蕉、运蕉、装蕉的历史以及陈旧竹笼、单车及生活用品。参观者在馆内可以观看到当年蕉农穿过的衣服和使用过的各种生活用具。①

由于认识不正确，或出于良好愿望或其他目的，建设性破坏常常在加强保护和开发利用的名义下进行，因此这种保护伞下的破坏更具隐蔽性和危害性。例如当前新农村建设正在全国如火如荼地展开，由于民俗文化遗产大部分都保存在农村地区，如果建设不当，就很容易造成不可挽回的损失。另外，一些项目被确定为保护对象后，只顾片面地去开发它的商业价值。在市场的巨大诱惑下，原生态的歌舞进行了时尚化的改造；民间手工艺制作大量机械复制；静谧的村落变成喧嚣的闹市。从表面上看，这似乎是被保护项目的繁荣，而实际上是对民俗文化遗产的一种更深程度的本质性伤害。

另一种是保护性破坏。民俗文化遗产，在很大程度上是一种民间的草根文化，它不能完全脱离地气，妥善封存、束之高阁、秘不示人，如此从某种意义上来讲，同样是对其生命的终结。民俗文化遗产，不应是干瘪的标本，而应是鲜活的生命。虽然一部分民俗文化遗产现在被幸运地重视和保护起来，但是更多浩如烟海的中华传统文化却面临着被历史尘封、淘汰的命运。在此情况下，许多民间传统被冲击得残缺不全，无法聚合成为完整的文化空间，例如集市

① 潘家萍：《传统文化在延续》，载《人民日报》，第 19 版，2010-7-23。

庙会广场文化活动、社区祭祀活动等。北京老天桥市场，原是一个著名的文化空间，但是今天已经难以寻觅。今天我国保存较完整的文化空间一般只在边远地区，它们受到的时代冲击相对较小。

民俗博物馆是一种博物馆的新形式，是保护民俗文化遗产的思维方式和行动。民俗博物馆不应以文物储藏所、观众参观点、纪念品商店或标本陈列室结束。民俗博物馆不是古老文化的保护神。民俗博物馆应该支持古老文化与现代生活结合，文化发展是一种进步。冻结生活和冻结文化都是徒劳的。民俗博物馆开展记忆工程是使居民了解自己的过去，并传承传统文化的精华而使之不中断。民俗博物馆是文化多样性的产物，只有对外开放才能更充分地实现其价值，旨在促使当地社区民众可以借此了解自己的历史和文化。社区民众可以从民俗文化遗产的共享性特征看到历史街区文化的多样性。

江苏全晋会馆——中国昆曲博物馆

2008年5月，什刹海历史文化展正式展出，内容分为6个部分：包括风景、人物、寺庙、街巷、胡同、门楼、飞檐等资料照片；包括保存较好的传统民居四合院、王府建筑群等；包括与社区民众日常生活相关的老物件，内容涉及老门钹、老街牌、石墩、砖雕、瓦当、招幌、匾额等；包括无形文化遗产，内容涉及歌谣、故事、传说、典故、逸闻趣事、历史事件等；包括与什刹海历史文化相关的书籍和照片资料；包括生活、居住在什刹海地区的历史名人、文化名人、民间艺人的信息资料。[①] 通过展览使什刹海历史文化成为不同社区，不同族群能够共同持有、共同享用、共同传承的文化成果。

传统建筑作为时代信息的载体，是一定时期城市文化的积淀，甚至成为一座城市的象征，代表着一座城市特有的风貌。俄国著名作家果戈里曾说："当歌曲和传说已经缄默的时候，建筑还在说话。"建筑空间的本质是特定时期的某些人群栖居或举行各种活动的载体，即使时代变迁、斯人远逝，昔日的文化气息仍然可能保留在一砖一瓦之中，成为后世感知前人的重要载体。对于一座城市而言，历史名人在此诞生、成长或者寓居，是其民俗文化遗产中值得骄傲的内容。在很大程度上，这些名人故居已经成为城市的文化名片，它们既不应被看作是"包袱"，又不应被看作是"摇钱树"。

大多数历史名人，特别是文化名人的故居，都不是什么豪宅，往往只是普通住宅，艺术价值平平，因此，一些城市在改造建设过程中，以"建筑价值不高"为由，将这些名人故居拆除。事实上，这些名人故居具有较高历史价值、文化价值和社会价值。特别是一些文化学者和艺术家的故居，充满了独特的情趣，人们徜徉其中，与其著作、传记相印证，必然有一番深刻感受。"城市不应该是一篇

① 魏谦：《什刹海征集老物件》，载《北京日报》，第8版，2007-11-2。

篇‘断代史’，只铭记当下的辉煌，而应该让城市里的人能够在现代化的过程中仍可窥见历史。只有新旧共存，城市才会显得有张力又有弹性，城市里的人才能真正‘诗意地栖居在大地上’”。[①]

在位于英格兰东南部城市旺兹沃思的一栋僻静的小楼里，英国小说家乔治·艾略特写下了她的半自传体名作《弗洛斯河上的磨坊》，这栋建筑也自维多利亚时期以来一直都被完好保存。在许多英国人眼中，旺兹沃思的这栋故居是艾略特写作的重要灵感来源。1859年当她写下《弗洛斯河上的磨坊》时，艾略特就在首页描绘了她屋外的美丽景色，艾略特还曾在那里接待了前来探访的著名作家狄更斯，在与他的书信来往中描述了自己对该建筑的热爱之情。故居里每一层楼的每一个房间都能看到赏心悦目的风景，甚至温室也不例外。

为了纪念艾略特的文学成就，这栋小屋获得了英格兰遗产蓝色纪念章，成为伦敦南部第一个获此殊荣的建筑，艾略特也成为首个获此殊荣的女性。因此，当伦敦南部一家英国地产商宣布将在该地区大兴土木搞开发建设，将在故居对面竖起一个5层楼高、有22栋建筑的公寓群时，当地居民的抗议声日益高涨，要求开发商停止计划。原因是这项计划会破坏包括艾略特故居在内的当地建筑风景，而该地区素以其保存完好的19世纪自然风貌而闻名英国。很快，一份代表旺兹沃思当地430位居民的请愿书提交给地方政府，请愿书上收集了120多个签名。居民们抱怨该计划不重视保护英国文化遗产，必须立即停止。[②]

呼兰县在松花江北岸，1986年，由于萧红故居的对外开放，提

① 《名人故居，是“包袱”还是“摇钱树”》，载《解放日报》，第14版，2010-10-29。

② 李鹤琳：《英国民众展开名人故居保卫战》，载《中国文化报》，第3版，2010-11-23。

升了这座古城的社会知名度。萧红故居的房屋建于1908年。1954年，萧红的家人迁移到沈阳定居后，此处房产变为公产，原有建筑被渐次拆除，仅存东院5间正房和西院7间倒座房为原有建筑。2007年，当地筹措资金，开始对萧红故居进行全面修复。然而，该工程的实施拆除了原有建筑西院门房，而将原本已经完全消失的磨房、粉房、养猪房、仓房等进行了崭新的复建，并将《呼兰河传》中人物住过的房子，完全使用新材料、新工艺、新形制建造起来。一些研究萧红的学者来此参观后遗憾地说："新建的超豪华磨房、粉房、养猪房等不仅不可能还原历史，看上去也十分可笑。萧红笔下的意境和韵味荡然无存。"①

在近一个世纪里，坐落在上海卢湾区的思南路，曾是上海最著名的花园住宅聚集区，集中了近代上海建筑的精华，诸多我国近代历史名人故居也坐落于此。由于历史原因，思南路花园住宅区曾变为高密度居民区，从1944年平均每幢历史建筑居住2户居民，发展为20世纪末平均每幢居住14户，有的甚至高达17户，违章建设严重，居住功能和建筑本身均遭受破坏。历经整整10年的艰苦保护整治，思南路花园住宅区在传承城市历史文脉中获得新生。目前，"思南公馆"保护项目已向公众开放，成为上海近代历史人文博物馆。该项目占地面积约5公顷，这片历史建筑也代表了海派建筑精粹。

据研究，上海近代曾出现10种历史建筑类型，除了石库门和高层公寓两种形式外，思南公馆区域包括了独立式花园住宅、联排式住宅、联立式花园住宅、新里弄住宅、花园里弄住宅、现代公寓式住宅、外廊式住宅、带内院独立式花园住宅等8种住宅类型，堪称上海历史建筑博物馆。这片珍贵的传统建筑保护，将海派文化精

① 曾一智：《变形的萧红故居》，载《中国文化报》，第5版，2010-11-10。

髓和城市历史文脉，展现给世人，为后人留下珍贵的文化遗存。今天，这些地处上海黄金地段的花园别墅，商业价值之高不言而喻，但是“思南公馆”保护项目启动以来，始终贯穿文化民生理念，即将这一项目建成“必须向全体公众开放的一个整体公共品，而且将是一件供公共欣赏、休闲的文化精品。”[①]

上海张闻天故居

我国有着完整而发达的手工生产体系，手工制作涉及人类生产实践和生活需要的各个领域，形成了诸多木作、雕琢、烧造、冶炼、铸造、錾锻、纺织、印染、缝纫、刺绣、编结、彩扎、髹饰、装潢、制笔、造纸、印刷、制革、酿造、榨取、烹饪、炮制等难以尽数的专门技艺、技巧和知识。以手工生产方式为基础的我国传统民间技

① 陆文军：《上海名人历史建筑群向公众开放》，载《中国文物报》，第1版，2010-10-20。

艺，是蕴含中华民族文化精神和创造智慧，彰显中华文明独特品格和民族气质，凝聚中华造物技术思想和实践经验。

天津“泥人张”彩塑的创始人是张明山，他幼时即喜为黏土之戏，经过成年累月的细心揣摩与刻苦实践，终成一代宗师，其作品具有较高的写实精神。但是由于年代久远，张氏几代人的数万件作品，绝大部分散失损毁。近年来，对“泥人张”彩塑作品进行抢救性搜集，将搜集到的三百余件“泥人张”彩塑作品，集中保存于天津市艺术博物馆内，并拍摄了有关制作过程，为后人留下了丰富的影像资料。在天津市的博物馆中，还收藏了“刻砖刘”的砖雕作品、“风筝魏”的风筝作品以及具有鲜明天津地方特色的剪纸作品，天津戏剧博物馆建立了“戏剧文库”，收藏了大量的戏曲唱片、影像资料、服装道具等，可以说，天津市博物馆在保护民俗文化遗产方面发挥出应尽的职责。[①]

坐落在黄浦区外滩街道老城厢普通居民楼中，有一座特别的博物馆。其简单朴实的布置，似乎让人们感觉走进了一个寻常人家，墙上的黑白照片、平实文字，静静地向每一位来访者诉说着老年人的一生经历。这就是外滩街道“咏年楼”所设的“年龄博物馆”。“咏年楼”是一座老年日间照料中心，“年龄博物馆”就建在咏年楼的最高层。年龄博物馆的创建初衷在于展现老年人独特的社会价值。老年人是“年龄博物馆”陈列照片和故事的主角，“在我们这里，每一个老人都有自己的故事”，都蕴藏着一笔宝贵的心灵财富。

每一位老人都是一座博物馆，他们通过个人生活历史的积累，传承下来的精神财富是如此宝贵，却又容易被人们所忽略。人们希

① 涂小元，田家馨：《浅析博物馆与城市文明的关系——兼论博物馆保护文化遗产的作用》，见《携手2010：宁波国际博物馆高峰论坛》，84页。

望在“咏年楼”，年龄的故事能够被留住，年龄的价值能够得到传承，老人们能过上更加健康而有尊严的生活。“咏年楼”的核心理念是以老年人来服务老年人，它的定位并不只局限于对老年人生理上的照顾，其功能涵盖增强老年人独立生活能力、自我服务能力，体现老年人的社会价值等理念。老年人无形的精神财富对每个社会成员，尤其是年轻一代具有学习、借鉴与传承的意义。社区里不少孩子参观“年龄博物馆”后，变得更加懂事，不仅对老人有礼貌，还会主动去帮助他们。[①]

在中华人民共和国成立60年大庆之际，首都博物馆举办“城市记忆——百姓之家”专题展览，以北京城市生活为背景，展现60年来社会生活的巨大变化，这是一个反映普通市民生活的展览，市民生活是城市发展最直接的印证。由20世纪50年代跨越至今，社区民众生活中司空见惯的物品首次登上大雅之堂，这些看似平淡无奇，伴随市民生活十几年、甚至几十年的老物件，不但蕴藏着普通民众的点滴生活经验，而且见证了社会发展、历史变革，记录了北京60年发展的城市记忆。此次展出的800余件老物件，都曾经伴随普通百姓生活，有些已经准备丢弃，有些被捐赠者珍藏至今，在这些老物件上都存留着美好而难忘的记忆。

展览以“家”的变化来叙说60年来社区生活方式的不断改善，“‘家’里的每间陈设都是人们曾经熟悉的，那些木桌长凳所在的地方，曾经既是餐厅又是人们的书房；洗衣盆里还留着未洗完的衣物；纸筐内装着母亲补过袜子的针线和纳过鞋的工具；伴随过几代人的手风琴依然是儿时记忆的一个重要角色；写字台上红白两键的台灯又伴随过多少人考大学的梦想，生活中的闪光点依稀都能从这里找

① 王海燕：《每一位老人都有一个故事》，载《解放日报》，第8版，2010-11-16。

城市记忆百姓之家展览

到影子"[①]。展览用平实的语言，讲述老物件的经历，让相似的经历来勾起深藏在记忆深处的那段过往。而当目光停留在这些闪着岁月之光的老物件和熟悉的文字上时，记忆的碎片便会整合为一段难忘的记忆。

北京，这座古老而充满活力的城市，无时无刻不在日新月异地变化。当人们享受飞速发展带来的便利和愉悦的同时，那些曾默默陪伴人们身边，见证这个城市变迁的声音，成为人们永远难忘的宝贵回忆。近年来声音的收集与展示成为首都博物馆新的研究课题和工作方向。首都博物馆特别录制、采集了一些能够代表老北京文化、极具北京特色的声音，并对这些为北京市民熟知和喜爱的声音进行整理。在此基础上，首都博物馆用3年时间完成展示北京声音的展览计划，陆续把已经收集到的声音按"胡同的一天""四季的声音"等19种具有北京特色的城市声音，通过数字化手段整理成辑，供观

① 穆红丽：《让城市不要失去记忆》，载《中国文物报》，第12版，2009-9-23。

众收听欣赏，使公众到首都博物馆不仅可以看到历史还能倾听历史。

走在首都博物馆地下一层的竹林旁，耳边时而传来老北京的吆喝声、有轨电车的汽笛声、大街小巷小贩的吆喝、邻里街坊的寒暄问候，仿佛回到了20个世纪初期。在民俗展厅，观众仿佛置身于老北京的大街小巷，胡同中的鸽哨声、磨剪子的吆喝声、各种货摊的叫卖声，渲染着展厅的气氛。这就是首都博物馆全新的展览形式，用声音反映北京城市的变迁和日新月异的精神风貌。首都博物馆保护声音资源的尝试，也是对北京非物质文化遗产保护的新举措，而声音成为博物馆展览的展出形式，是博物馆新的创造。

近年来，北京市西城区正在筹划建设一系列民俗博物馆。双合盛五星啤酒厂是北京著名的商业老字号，已有90多年的历史，对于研究早期民族轻工业的历史弥足珍贵。这里将建设一座老字号啤酒博物馆。有着480年历史的六必居老店，也计划在原址建设一座京味饮食博物馆。其西侧的京城七大戏院的三庆园旧址，曾是徽班晋京后最早的驻演地。目前，三庆园旧址正在筹划建设京剧文化体验博物馆。同时，京城“八大祥”之一的老字号谦祥益旧址，也正在筹划建设一座丝绸文化博物馆。

钱市胡同是京城最窄的胡同之一。但是，清代胡同两侧都是专门从事贵金属熔铸行业的作坊，时称“炉行”。在清末废两改元之前，北京全城的钱庄、粮栈及各行各业较大的商号，每天早晨都要到这里将银两与制钱相互兑换，胡同因此变成重要的金融市场。民国建立后，炉行失去政府授予的特许经营权，钱市胡同由盛转衰。而今胡同内还留有10户门牌，很多楼门还留有石匾，匾名“大通银号”“万丰银号”，有的门框上还钉着斑驳的“京师商务会”的铁牌照。依托这些民俗文化遗产，钱市胡同将建成一座金融文化博物馆。

目前，胡同内的传统建筑正在进行修缮，一些银号老账本、算盘等实物资料也正在抓紧征集，并将在博物馆中陈列展示。[①]

虎坊路以东、珠市口西大街以南区域内，分布着香厂路、万明路、仁民路、仁寿路、板章路等多条街巷。1914年，北京历史上首次城市建设现代化运动，在这里轰轰烈烈地展开。当时北洋政府采纳西方国家城市建设理念，以香厂路为中心，在规划区内修筑了14条道路，配套建设电线、电话线、自来水管、下水管等基础设施。随后，道路两旁所有地块公开招标，由于地价优惠，来自全国各地的投资者踊跃竞标，短期内就建起了成片的西式风格建筑。直到1927年，北伐战争结束，以“香厂新市区”为标志的这场城市建设现代化运动停止。如今万明路、香厂路、板章路的商住楼以及秦安里、华康里等一幢幢藏身在街巷胡同中的中西合璧建筑遗存，还隐现着昔日繁华的痕迹。

今后，这些传统建筑将逐步得到修复，并作为开放式的博物馆，向人们诉说北京城市建设中一段特殊的历史。就在曾经的“香厂新市区”中心，现在的万明路上，坐落着曾经演绎众多历史事件、留下上百名人足迹的东方饭店，这里将凭借所保存的大量实物、资料，开辟一座民国主题的博物馆，将众多风云人物在此留下的故事讲述出来。在西城区，像这样藏身街巷的历史还有很多。散落在大栅栏、天桥、椿树三条街道、几十条小巷中的100多座会馆、名人故居，各自都有不同凡响的历史，结合文物建筑和历史街区保护，将这一地区建设成为民俗文化主题博物馆群，使更多市民能够走进

① 巩峥：《西城胡同建博物馆唤醒老北京记忆》，载《北京日报》，第8版，2010-11-19。

历史文化空间，了解古都历史文化根脉。①

将具有特殊历史意义的建筑物改变成供游客参观的博物馆，是国际上的通行做法。在英国，一个多世纪前，“国家信托”这个私立非营利机构便已开始照管国内许多的历史建筑。近年官方机构“英国遗产”也越来越多地负起保护的责任，对公众开放历史建筑及设计许多相应的教育项目。在美国，20世纪70—80年代，由于爱国情绪高涨以及对旧建筑保护意识的提高，产生了许多历史建筑博物馆，它们由一些机构或志愿者负责管理营运。这些保护机构包括美国博物馆协会、历史保护国家信托基金会、历史建筑博物馆中心等。重现历史氛围是诠释历史建筑博物馆展览的焦点，它的展示必须符合该段历史时期的真实情况。

历史建筑博物馆需要以一些适当的陈列手段，还原当时环境，同时注意与观众的沟通，尽量迎合各种参观者的需要，满足他们的期望，达到博物馆设立的目的。历史建筑物的展览可包括它的建筑物和内部陈设，例如日常生活起居的物品，也有贵重的收藏如首饰、陶瓷、油画和雕塑等。如建筑历史悠久，已经多代人居住，要注意选择，展示重点要表现的时代，与所选择的展品需相适应，并曾属于该处或屋主人曾使用过。这些都需要先做出必要的研究及搜集相关展品文物，一些与该时期无关的物品应移离或清除，对保存状态不理想的对象需先做出相应的修复及保护工作。②

室内气氛的营造是力求逼真地重视该时期人们生活的情况，例如在北卡罗来纳州的约翰伏格历史建筑博物馆内，一间供儿童游乐

① 巩峥：《西城胡同建博物馆唤醒老北京记忆》，载《北京日报》，第8版，2010-11-19。

② 傅玉兰：《探讨历史建筑博物馆的展示概念及策略》，载《中国博物馆》，2008（2），60页。

云南昆明云南陆军讲武堂历史博物馆

的房间，观众可以看到玩具遍地，木马随意摆放，使人们感到孩子们刚才还在这儿玩耍。英国南部的奥士本宫，维多利亚女皇的寝室内，观众可以看到她的外套和披肩还搭在椅背上，可以想象到平日不苟言笑，规行矩步的女皇，在她私人的空间内，也有放松随意的一刻。这些都是人们日常生活的反映。对于距离现在时间较久的生活细节，须避免用现代的眼光和思维去衡量和布置，而应尽量以深入的研究去求证，以免出现主观判断的失误。

在历史建筑博物馆展馆现场，有助阐释的辅助材料不可缺少，例如导览、册页、图册、书籍、光盘、录像片和纪念品等。册页是几乎所有的历史建筑博物馆都必须向参观者提供的一些介绍性资料。在欧美的一些历史建筑博物馆内有采取由馆员直接在现场模仿工作时的场景，例如砍柴、锯木和烤面包等，使参观者感到置身于真实环境中，同时，参观者还可以和这些人物对话提问。在英国南部克里斯卓的红屋博物馆，一所19世纪的织造厂内，教师和学生可穿起简便的当时的工作服，模拟当时的工作情况，特别是让青少年了解和切身感受工作辛劳的情况。[①]

台湾于1997年起推动“生活美学”运动，让美学突破艺术的严肃意涵，进入生活，让现代人重新审视生活环境。从家庭到社区，改变整个视觉观感与心理体验，让人们行走在城市里，所阅读到的尽是美丽的风景。在台湾访问期间，经同行介绍参观了树火纪念纸博物馆，这是坐落于台北市一个普通街道中的小型社区博物馆。朴素精巧的环境、典雅清新的空间，营造出温暖而具有亲切感的展览氛围，千姿百态的纸质展品，使馆舍天地转化成为一个“可展、可看、可买、可用”的文化空间，人们在这里可以随时发现生活里的质朴之美，随处感受到纸对于生活的意义。

树火纪念纸博物馆的陈列展览。让纸从平面到立面、从文化到经济、从艺术到生活，拉近纸与生活、纸与环境、纸与人生的关系，展现出纸与民众生活千丝万缕的联系，成为居家空间不可或缺的一环。不管是餐厅、书房、会客室，因为纸的存在，而增加灵感与美感。博物馆里还有一个闹中取静的小型顶楼，质朴的水泥地面和木水槽，人们可以亲手参与纸制品的制作。两位年轻的馆员向我们介绍说，目前他们研发的树火商品，从明信片、笔记本、吸油面纸、纸席，到纸钟、纸灯饰、纸餐具等应有尽有，汲取工艺精华，营造绿色生活。特别是树火商品选择非木浆原料，减少制作过程中的废水、药剂用量，注重环境保护。

在福州市历史城区，至今还保存着相当规模自唐、宋以来形成的历史街区，被称为我国“里坊制”城市格局与管理制度的“活化

① 傅玉兰：《探讨历史建筑博物馆的展示概念及策略》，载《中国博物馆》，2008（2），60页。

石”，其中最为著名和完好的是南后街两旁从北到南依次排列的坊巷，被称为“三坊七巷”，总占地面积38.35公顷。这一地带经过历代延续与不断更新，至今保存下来的大多是明清与民国时期的传统建筑，被誉为明清建筑博物馆。南北贯穿三坊七巷的南后街，从古至今一直是社区中的商业街，鼎盛时期，柴米油盐、日常生活所需三十六店一应俱全，还有专为文人雅士服务的刻书坊、旧书摊、裱褙店以及元宵、中秋两节的灯市。

作为福州城市精神集结地、福州名贤文化纪念地、福州传统商业文化传承地、福州民俗文化展示地，三坊七巷承载着福州城市发展丰富的历史文化沉淀，涌现出一批对当时社会，乃至中国近现代史进程产生重要影响的人物，例如林则徐、沈葆桢、林旭、严复、林觉民、林纾、林徽因、冰心等，成为福州人文荟萃的代表，凸显着因历史上多种文化交融而形成的丰富多样的地域文化以及独具特色的名人文化。在快速发展的城市建设大潮中，三坊七巷也曾经面临被拆迁改造的命运，但是在各方的努力下，这里最终被抢救保护下来，使三坊七巷重新焕发出应有的魅力，带着文化遗产的尊严，融入社会、惠及民生，成为福州文化城市发展的新亮点。

近年来，当地政府先后组织制定了《三坊七巷历史文化街区保护规划》《福州市三坊七巷文物保护规划》《福州市三坊七巷文化遗产保护规划》等，保护与管理不断升级。2009年三坊七巷入选首届中国十大历史文化名街，评选专家认为三坊七巷是“我国目前在都市中心保留的规模最大、最完整的明清古建筑街区”。2010年11月，由清华大学主持制订的《福州三坊七巷社区博物馆规划及近期实施方案》通过论证，该方案借鉴先进的博物馆理论和经验，鼓励各界团体和人士积极参与，努力使保护、研究和教育互动，社区与博物馆和谐共生，可持续发展。

福州三坊七巷社区博物馆突破传统博物馆“建筑+收藏+专家+观众”的组织模式，以“地域+传统+记忆+居民”的模式重新组织保护与展示等传承工作，将三坊七巷建设成“展现传统建造工艺的建筑博物馆、忠实反映社区发展历史的地志博物馆、传承社区非物质文化的生态博物馆”，探讨以社区博物馆的先进理念，推动三坊七巷的综合保护、传承与利用。宋向光教授认为，在三坊七巷建设社区博物馆是非常有意义的探索。博物馆界一直在思考博物馆如何从对物的关注转向更多地对人的需求的关注，如何跟人的发展、居民、社会发展挂钩。社区博物馆是一个很好的载体，可能是我国今后几年博物馆发展的一个热点。

2011 年 8 月，福州三坊七巷社区博物馆正式设立，在学者中间引发思考。段勇先生认为，社区博物馆从狭义上说是社区里面的博物馆，从广义上说则是将整个社区作为博物馆。三坊七巷二者兼有，但是重点在广义上。广义的社区博物馆属于新博物馆类型。传统博物馆强调作为客体的展品，主要关注的是过去，新型博物馆则强调系统，强调主体与客体的结合，更多地关注现在和未来的发展。新博物馆突破了场馆的束缚走进社会、突破了展品的束缚走进文化脉络与社会环境、突破了过去时空的束缚走进现当代，真正是“从‘馆舍天地’走向‘大千世界’”。社区博物馆本身就是一种文化工具，既是社会发展到一定阶段的产物，更与社会的发展相辅相成。

这里所说的新博物馆类型，主要包括社区博物馆和生态博物馆，随着发展二者在本质上逐渐合二为一。生态博物馆是将博物馆看成一个生命系统，而社区博物馆则将其看成一个社会系统，虽然角度不一样，但是都是活态的。曹兵武先生认为，三坊七巷在当代都市中能够得以很好地保存，延续了城市之根。但是应该努力赋予其魂，探索让文化遗产融入生活、融入发展的保护模式。赋予三坊七巷这样的“城市之根”以“城市之魂”，社区博物馆的建设能发挥积极的作用。新博物馆学倡导的社区博物馆、生态博物馆等概念能将自然与人文遗产、可移动文物与不可移动文物、有形遗产与无形遗产等综合起来保护和传承，在三坊七巷这样历史文脉一直没有中断的社区，在先进的文化遗产和博物馆理论指导下进行探索十分必要。